Treasury of Classic
French Love Stories

Bilingual Love Poetry from Hippocrene

Treasury of African Love Poems & Proverbs

Treasury of Arabic Love Poems, Quotations & Proverbs

Treasury of Czech Love Poems, Quotations & Proverbs

Treasury of Finnish Love Poems, Quotations & Proverbs

Treasury of French Love Poems, Quotations & Proverbs*

Treasury of German Love Poems, Quotations & Proverbs*

Treasury of Hungarian Love Poems, Quotations & Proverbs*

Treasury of Italian Love Poems, Quotations & Proverbs*

Treasury of Jewish Love Poems, Quotations & Proverbs*

Treasury of Polish Love Poems, Quotations & Proverbs*

Treasury of Roman Love Poems, Quotations & Proverbs

Treasury of Russian Love Poems, Quotations & Proverbs*

Treasury of Spanish Love Poems Quotations & Proverbs*

Treasury of Ukrainian Love Poems, Quotations & Proverbs*

* Also available as an Audio Book

HIPPOCRENE BOOKS, INC.
171 Madison Avenue
New York, NY 10016

Treasury of Classic French Love Stories

Edited and Translated by
Lisa Neal

HIPPOCRENE BOOKS
New York

For information, address:
HIPPOCRENE BOOKS, INC.
171 Madison Avenue
New York, NY 10016

Library of Congress Cataloging-in-Publication Data
Treasury of Classic French love stories / edited and translated by Lisa Neal.
p.   cm.
English and French.
Contents: Chevrefeuille (c. 1200) / Marie de France — The
Heptameron, Novella 9 (written c. 1545; pub. 1560) / Marguerite de
Navarre — La comtesse de Tende (written before 1693; pub. 1724) /
Marie-Madeleine de la Vergne, Mme de Lafayette — The former
aristocrat who married a revolutionary (c. 1790) / Rétif de la
Bretonne — La menteuse (1874) / Alphonse Daudet — Virginie et
Paul (1883) / Auguste de Villiers de l'Isle-Adam — Le bonheur
(1885) / Guy de Maupassant — Adieu (1885) / Guy de Maupassant
—L'autre femme (1924) / Gabrielle-Sidonie Colette — La femme du
boulanger (1930) / Jean Giono.
ISBN 0-7818-0511-2
1. Love stories, French. 2. Love stories, French—Translations into
English. I. Neal, Lisa.
PQ1278.T74 1997
843'.08508—dc21   97-8212
                                                                            CIP

Printed in the United States of America.

CONTENTS

Treasury of Classic French Love Stories

Marie de France
Chevrefoil

Assez me plest e bien le voil
Del lai que hum nume *Chevrefoil*
Que la verité vus en cunte
E pur quei il fu fet e dunt.
Plusurs le m'unt cunté e dit
E jeo l'ai trové en escrit
De Tristram e de la reïne,
De lur amur qui tant fu fine,
Dunt il eurent meinte dolur,
Puis en mururent en un jur.

Li reis Marks esteit curucié,
Vers Tristram sun nevuz irié;
De sa tere le cungëa
Pur la reïne qu'il ama.
En sa cuntree en est alez;
En Suhtwales, u il fu nez,
Un an demurat tut entier,
Ne pot ariere repeirier;
Mes puis se mist en abandun
De mort e de destructiun.

Marie de France
Goatleaf (Honeysuckle)

It pleases me to tell you
The truth about why
The lay called *Honeysuckle*
Was made, and about whom.
Many told and recounted it
To me, and I found it written,
About Tristram and the queen
About their love so fine
That caused them to suffer
And to die on the same day.

King Marc was angry
With Tristram his nephew;
Exiled him from his land
For the sake of the queen
He loved. To his own country
Tristram went, South Wales,
Where he was born,
Remained a whole year there,
Could not return, but then began
To court death and destruction.

Ne vus esmerveilliez neent:
Kar ki eime mut lëalment,
Mut est dolenz e trespensez,
Quant il nen ad ses volentez.
Tristram est dolent e pensis:
Pur ceo s'esmut de sun païs.
En Cornouaille vait tut dreit,
La u la reïne maneit.
En la forest tut sul se mist,
Ne voleit pas que hum le veïst;
En la vespree s'en eisseit,
Quant tens de herberger esteit;
Od païsanz, od povre gent
Preneit la nuit herbergement.
Les noveles lur enquereit
Del rei cum il se cunteneit.
Ceo li dient qu'il unt oï
Que li barun erent bani,
A Tintagel deivent venir:
Li reis i veolt sa curt tenir;
A Pentecuste i serunt tuit,
Mut i avra joie e deduit,
E la reïne i sera.
Tristram l'oï, mut se haïta:
ele ne purat mie aler
K'il ne la veie trespasser.

Le jur que li rei fu meüz,
Tristram est al bois revenuz.

Do not be astonished; for
Anyone who loves truly
Is pained and very sad
When deprived of his desire.
Tristram was pained and sad:
And so he left his land
And straight to Cornwall went,
Where the queen was staying.
Into the forest he went alone,
Wanted no one to see him there,
Came out at eventide,
When it was time for shelter;
With peasants or the poor
He spent the night.
He asked them news
Of the king, what he did.
They said they'd heard
The barons had been called
To Tintagel, where the king
Was to hold his court;
They'd all be there at Pentecost,
For pleasure and delight,
And the queen with them.
Tristram heard this with joy:
She could not pass without
Him seeing her go by.

The day the king set out
Tristram came to the wood

Sur le chemin que il saveit
Que la rute passer deveit,
Une codre trencha par mi,
Tute quarreie la fendi.
Quand il ad paré le bastun,
De sun cutel escrit sun nun:
Se la reïne s'aperceit,
Qui mut grant garde en preneit
—Autre fei li fu avenu
Que si l'aveit aparceü—
De sun ami bien conuistra
Le bastun, quant el le verra.
Ceo fut la summe de l'escrit
Qu'il li aveit mandé et dit,
Que lunges ot ilec esté,
E atendu, e surjurné,
Pur atendre e pur saver
Coment il la peüst veer,
Kar ne pot nent vivre sanz li.
D'euls deus fu il tut autresi
Cume del chevrefoil esteit
Ki a la codre se preneit:
Quant il est si laciez e pris
Et tut entur le fust s'est mis,
Ensemble poënt bien durer
Mes, ki puis les volt desevrer,
Li codres muert hastivement
E li chevrefoil ensement.
"Bele amie, si est de nus:

Along the path he knew
They must travel;
He cut and trimmed a hazel,
And when he'd made a stick,
Carved his name along its flank.
If the queen caught sight of it,
She'd mark it mighty well—
He'd done the same before
And she had seen it—
She'd recognize the stick
As belonging to her lover.

This was what he'd written,
What he'd conveyed and said:
That he had long been here
And waited and remained
To watch and to find out
How he could see her,
For he couldn't live without her,
They were like the honeysuckle
That winds around the beech:
When it has laced and twined
And gone all round the trunk,
They can live together a long time;
But if you try to separate them,
The beech soon dies
And the honeysuckle too.
Dear friend, so it is with us:
Not you without me, nor I without you!

Ne vus sanz mei, ne mei sanz vus."

La reïne vait chevachant.
Ele esgardat tut un pendant;
Le bastun vit, bien l'aperceut,
Tutes les lectres i conut.
Les chevalers ki la menoent,
Qui ensemble od li erroent,
Cumanda tuz a arester:
Descendre vot e resposer.
Cil unt fet sun commandement;
Ele s'en vet luinz de sa gent,
Sa meschine apelat a sei,
Brenguein, que mut ot bone fei;
Del chemin un poi s'esluina,
Dedenz le bois celui trova
Que plus l'amot que rien vivant;
Entre eus menerent joie grant,
A lui parla tut a leisir,
E ele li dit sun pleisir;
Puis li mustra cumfaitement
Del rei aurat acordement
E que mut li aveit pesé
De ceo qu'il l'ot si cungié:
Pur encusement l'aveit fait.
A tant s'en part, sun ami lait.
Mes, quant ceo vient al desevrer,
Dunc comencerent a plurer.
Tristram a Wales s'en rala

The queen was riding along,
She looked up at a slope,
Saw the stick, knew it well,
Recognized all the letters.
The knights accompanying her,
Who rode at her side,
She commanded them to stop:
She wanted to dismount and rest.
They did as she commanded.
She moved away from them,
Called her maid to her side,
The faithful servant Brenguein.
She left the path and in the wood
She found the one she loved
More than anything alive.
There was great joy between them.
He spoke to her at leisure,
She told him all she liked;
Then she explained how
He would be reconciled
With the king, who had
Exiled him, to her dismay,
Because of accusations.
Then she left her lover;
But when they parted,
They began to weep.
Tristram went back to Wales,
To await his uncle's summons.

Tant que sis uncles le manda.

Pur la joie qu'il ot eüe
E pur ceo k'il aveit escrit
Si cum la reïne l'ot dit,
Pur les paroles remembrer,
Tristram, ki bien saveit harper,
En aveit fet un nuvel lai;
Asez briefment le numerai:
Gotelef l'apelent Engleis,
Chevrefoil le nument Franceis.
Dit vus en ai la verité
Del lai que j'ai ici cunté.

Because he'd had such joy
and because he'd written
As the queen had told him,
To remember the words
Tristram, harping sweetly,
Had made a new lay;
I shall name it briefly:
Goatleaf it's called in English
Chevrefeuille in French.
Now I've told you the truth
About the lay I've sung.

Marguerite de Navarre
Heptameron, Novella 9

*E*ntre Daulphiné et Provence, y avoit ung gentil homme
beaucoup plus riche de vertu, beaulté et honnesteté que d'autres
biens, lequel tant ayma une damoyselle, dont je ne diray le nom,
pour l'amour de ses parens qui sont venuz de bonnes et grandes
maisons; mais asseurez-vous que la chose est veritable. Et, à cause
qu'il n'estoit de maison de mesmes elle, il n'osoit descouvrir son
affection; car l'amour qu'il luy portoit estoit si grande et parfaicte,
qu'il eut mieulx aymé mourir que desirer une chose qui eust esté
à son deshonneur. Et, se voiant de si bas lieu au pris d'elle, n'avoit
nul espoir de l'espouser. Parquoy son amour n'estoit fondée sur
nulle fin, synon de l'aymer de tout son pouvoir le plus
parfaictement qu'il luy estoit possible; ce qu'il feyt si longuement
que à la fin elle en eut quelque congnoissance. Et, voiant l'honneste
amityé qu'il luy portoit tant plaine de vertu et bon propos, se
sentoit estre honorée d'estre aymée d'un si vertueux personnaige;
et luy faisoit tant de bonne chere, qu'il n'y avoit nulle pretente à
mieulx se contenter. Mais la malice, ennemye de tout repos, ne
peut souffrir ceste vie honneste et heureuse; car quelques ungs
allerent dire à la mere de la fille qu'ilz se esbahissoient que ce gentil
homme pouvoit tant faire en sa maison, et que l'on soupsonnoit
que la fille le y tenoit plus que aultre chose, avecq laquelle on le
voyoit souvent parler. La mere, qui ne doubtoit en nulle façon de

Marguerite de Navarre
Heptameron, Novella 9

Between Dauphiné and Provence, there lived a young gentleman who was much richer in virtue, good looks, and decency than in other kinds of wealth, and who so much loved a young lady (I shall not tell her name, for the sake of her parents, who come from good and great families; but you may be sure this is all true. And, because he was not from so good lineage as she, he did not dare reveal his affection; for the love he bore her was so great and so perfect, that he would have rather died than to desire anything that would have dishonored her. And, seeing that he was so far beneath her, he had no hope of marrying her. Therefore his love was not based on any goal other than that of loving her with all his might, and as perfectly as he could; which he did for such a long time that finally she noticed it. And seeing his honorable friendship for her was so full of virtue and good purpose, she felt honored to be loved by such a virtuous person; and she treated him so kindly that he aspired to no greater satisfaction. But malice, the enemy of all peace, could not endure such an honorable and happy life; for a few people went to tell the young lady's mother that they were astonished to see this young gentleman allowed so much freedom in her house, and that they suspected that he came there chiefly because of her daughter, with whom he was often seen talking. The mother, who had no doubts about the young

l'honnesteté du gentil homme, dont elle se tenoit aussi asseurée que nul de ses enfans, fut fort marrye d'entendre que on le prenoit en mauvaise part; tant que à la fin, craingnant le scandale par la malice des hommes, le pria pour quelque temps de ne hanter pas sa maison, comme il avoit accoustumé, chose qu'il trouva de dure digestion, sachant que les honnestes propose qu'il tenoit à sa fille ne merytoient poinct tel esloignement. Toutefois, pour faire taire les mauvaises langues, se retira tant de temps, que le bruict cessa; et y retourna comme il avoit accoustumé; l'absence duquel n'avoit amoindry sa bonne volunté. Mais, estant en sa maison, entendit que l'on parloit de marier ceste fille avecq un gentil homme qui luy sembla n'estre poinct si riche, qu'il luy deust tenir de tort d'avoir s'amye plus tost que luy. Et commancea à prendre cueur et emploier ses amys pour parler de sa part, pensant que, si le choix estoit baillé à la damoiselle, qu'elle le prefereroit à l'autre. Toutesfois, la mere de la fille et les parens, pource que l'autre estoit beaucoup plus riche, l'esleurent; dont le pauvre gentil homme print tel desplaisir, sachant que s'amye perdoit autant de contentement que luy, que peu à peu, sans autre maladye, commencea à diminuer, et en peu de temps changea de telle sorte qu'il sembloit qu'il couvrist la beaulté de son visaige du masque de la mort, où d'heure en heure il alloyt joyeusement.

Si est-ce qu'il ne se peut garder le plus souvent d'aller parler à celle qu'il aymoit tant. Mais, à la fin, que la force luy defailloit, il fut contraict de garder le lict, dont il ne voulut advertir celle qu'il aymoit, pour ne luy donner part de son ennuy. Et, se laissant ainsy aller au desespoir et à la tristesse, perdit le boire et le manger, le dormir et le repos, en sorte qu'il n'estoit possible de le recongnoistre, pour la meigreur et estrange visaige qu'il avoit. Quelcun en advertit la mere de s'amye, qui estoit dame fort charitable, et d'autre part aymoit tant le gentil homme, que, si

gentleman and had as much confidence in him as any of her own children, was very upset to learn that others mistrusted him. Finally, fearing such ill-will would lead to a scandal, she asked him not to come to her house for a while, as he had been accustomed to do—a request he found hard to grant, knowing that he did not deserve to be sent away because of anything he had said to her daughter. Nonetheless, in order to silence the gossips, he stayed away for such a long time that the talk stopped; and he resumed his visits as before, absence not having altered his affection. But when he was in her house, he learned that her parents were thinking about marrying the girl to a gentleman who did not seem so rich as to give him more right to her than he himself had. And he began to take heart and to use his friends to speak on his behalf, thinking that if the choice were left to the girl, she would prefer him to the other man. However, the girl's mother and her relatives chose the other man, because he was much wealthier, and this caused the poor gentleman such grief, since he knew his beloved was losing as much happiness as he was, that gradually, and without any other illness, his health began to decline, and in a short time he was so altered that it seemed he had covered his handsome face with a death mask, whereas formerly he had been so happy.

Nevertheless, he could not refrain from going as often as he could to talk with the woman he loved so much. But finally his strength failed him, and he was forced to stay in bed; he refused to inform his beloved of this, to avoid making her share his distress. And thus abandoning himself to despair and sadness, he stopped taking food and drink, sleeping and resting, with the result that his face grew so thin and different that he became unrecognizable. Someone mentioned this to his beloved's mother; she was a very kind lady, and moreover she was so fond of the gentleman that

tous leurs parens eussent esté de l'oppinion d'elle et de sa fille, ilz eussent preferé l'honnesteté de luy à tous les biens de l'autre; mais les parens du costé du pere n'y vouloient entendre. Toutesfois, avecq sa fille, alla visiter le pauvre malheureux, qu'elle trouva plus mort que vif. Et, congnoissant la fin de sa vye approcher, s'estoit le matin confessé et receu le sainct sacrement, pensant mourir sans plus veoir personne. Mais, luy, à deux doigts de la mort, voyant entrer celle qui estoit sa vie et resurrection, se sentit si fortiffié, qu'il se gecta en sursault sur son lict, disant à la dame: "Quelle occasion vous a esmeue, ma dame, de venir visiter celluy qui a desja le pied en la fosse, et de la mort duquel vous estes la cause?" "Comment," ce dist la dame, "seroyt-il bien possible que celuy que nous aymons tant peust recevoir la mort par nostre faulte? Je vous prie, dictes-moy pour quelle raison vous tenez ces propos." "Ma dame," ce dict-il, "combien que tant qu'il m'a este possible j'ay dissimulé l'amour que j'ay porté à ma damoyselle vostre fille, si est-ce que mes parens, parlans du mariage d'elle et de moy, en ont plus declairé que je ne voulois, veu le malheur qui m'est advenu d'en perdre l'esperance, non pour mon plaisir particulier, mais pour ce que je sçay que avecq nul autre ne sera jamais si bien traictée ne tant aymée qu'elle eust esté avecq moy. Le bien que je voys qu'elle pert du meilleur et plus affectioné amy qu'elle ayt en ce monde, me faict plus de mal que la perte de ma vie, que pour elle seule je voulois conserver; toutesfois, puis qu'elle ne luy peult de rien servir, ce m'est grand gaing de la perdre." La mere et la fille, oyans ces propos, meirent peyne de le reconforter; et luy dist la mere: "Prenez bon couraige, mon amy, et je vous promects ma foy que, si Dieu vous redonne santé, jamais ma fille n'aura autre mary que vous. Et voylà cy presente, à laquelle je commande de vous en faire la promesse." La fille, en pleurant, meit peyne de luy donner seurté de ce que sa mere promectoit. Mais luy,

had all her relatives shared her opinion and that of her daughter, they would have chosen his decency over all the other man's wealth; but the relatives on the father's side would hear nothing of it. All the same, accompanied by her daughter, she went to visit the poor, unhappy man, whom she found more dead than alive. Knowing that his end was near, he had that morning confessed and received the last rites, intending to die without seeing anyone again. But even being so close to death, when he saw the woman who was his life and his resurrection come into his room, he felt so strengthened that he lurched upright on his bed, saying, "What has moved you, milady, to come to visit a man who already has one foot in the grave, and whose death you have caused?" "What do you mean," the lady replied, "how could we be to blame for the death of a man of whom we are so fond? I beg you, tell me why you say such a thing." "Milady," he said, "Although I have concealed my love for your daughter as much as I could, nevertheless my relatives, speaking of our possible marriage, said more than I would have wished, in view of the misfortune that has befallen me of losing hope of being able to marry her; and not because of my own pleasure, but because I know she will never be so well treated or so much loved by anyone else as she would have been by me. Her loss of the best and most loving friend she has in this world pains me more than the loss of my life, and for her sake alone I wanted to preserve it. However, since my life cannot in any way serve her, I am glad to lose it." The mother and the daughter, on hearing these words, did all they could to comfort him. The mother said to him: "Take heart, my friend, and I promise you on my honor that if God restores your health, my daughter will never have any husband but you. Here she is, and I command her to promise this to you." The daughter, weeping, tried to assure him of what her mother had promised. But he,

congnoissant bien que quand il auroit la santé, il n'auroit pas s'amye, et que les bons propos qu'elle tenoit n'estoient seullement que pour essaier à le faire ung peu revenir, leur dist que, si ce langaige luy eust esté tenu il y avoit trois mois, il eust esté le plus sain et le plus heureux gentil homme de France; mais que le secours venoit si tard qu'il ne povoit plus estre creu ne esperé. Et, quant il veid qu'elles s'efforçoient de le faire croyre, il leur dist: "Or, puis que je voy que vous me promectez le bien que jamais ne peult advenir, encores que vous le voulsissiez, pour la foiblesse où je suys, je vous en demande ung beaucoup moindre que jamays je n'euz la hardiesse de requerir." A l'heure, toutes les deux le luy jurerent, et qu'il demandast hardiment. "Je vous supplie," dist-il, "que vous me donnez entre mes bras celle que vous me promectez pour femme; et luy commandez qu'elle m'embrasse et baise." La fille, qui n'avoit accoustumé de telles privaultez, en cuyda faire difficulté; mais la mere le luy commanda expressement, voiant qu'il n'y avoit plus en luy sentiment ne force d'homme vif. La fille doncques, par ce commandement, s'advancea sur le lict du pauvre malade, luy disant, "Mon amy, je vous prie, resjouyssez-vous!" Le pauvre languissant, le plus fortement qu'il peut, estendit ses bras tous denuez de chair et de sang, et avecq toute la force de ses os embrassa la cause de sa mort; et, en la baisant de sa froide et pasle bouche, la tint le plus longuement qu'il luy fut possible; et puis luy dist: "L'amour que je vous ay portée a esté si grande et honneste, que jamais, hors mariage, ne soubzhaictay de vous que le bien que j'en ay maintenant; par faulte duquel et avecq lequel je rendray joyeusement mon esperit à Dieu, qui est parfaicte amour et charité, qui congnoist la grandeur de mon amour et honnesteté de mon desir; le suppliant, ayant mon desir entre mes bras, recepvoir entre les siens mon esperit." Et, en ce disant, la reprint entre ses bras par une telle vehemence, que, le cueur affoibly ne

knowing full well that when he had regained his health he would not have his beloved, and that her kind words were only intended to encourage him to go on living, told them that if they had told him this three months earlier, he would have been the healthiest and happiest gentleman in France, but that their help came so late that it could no longer be believed in or hoped for. And when he saw that they were attempting to make him believe in it, he said to them: "Since I see that you are promising me the good that can never come to pass, even if you were to agree to it, because I am now so weak, I will ask you for another much smaller one that I was never bold enough to request." Immediately both the women swore to give it to him, and told him to ask for it boldly. "I entreat you," he said, "to let me hold in my arms the woman that you promise to give me as my wife, and command her to embrace me and kiss me." The girl, who was not accustomed to such intimacies, tried to protest, but the mother expressly commanded her to do as the gentleman asked, seeing that there was no longer in him either the feeling or the strength of a living man. Thus the girl, following her mother's order, went toward the sick man's bed, saying to him: "My friend, I beg you, cheer up!" The languishing man held out his fleshless, bloodless arms as far as he could, and summoning all the remaining strength of his bones he embraced the cause of his death. And while he was kissing her with his cold, pale lips he held her to him as long as he could. Then he said: "The love I had for you was so great and honorable that, outside of marriage, I never wished for any reward other than the one I now receive from it. For lack of it and with it I shall gladly give my spirit back to God, who is perfect love and charity, who knows the magnitude of my love and the honorable nature of my desire, begging Him, as I hold my desire in my arms, to receive my spirit among His host." And with these words he took her again in his

pouvant porter cest effort, fut habandonné de toutes ses vertus et esperitz; car la joye les feit tellement dilater que le siege de l'ame luy faillyt, et s'envolla à son Createur. Et, combien que le pauvre corps demorast sans vie longuement et, par ceste occasion, ne pouvant plus tenir sa prinse, l'amour que la demoiselle avoit toujours celée se declaira à l'heure si fort, que la mere et les serviteurs du mort eurent bien affaire à separer ceste union; mais à force osterent la vive, pire que morte, d'entre les bras du mort, lequel ils feirent honnorablement enterrer. Et le triomphe des obseques furent les larmes, les pleurs, et les crys de ceste pauvre damoiselle, qui d'autant plus se declaira après la mort, qu'elle s'estoit dissimullée durant la vie, quasi comme satisfaisant au tort qu'elle luy avoit tenu. Et depuis (comme j'ay oy dire), quelque mary qu'on luy donnast pour l'appaiser, n'a jamays eu joye en son coeur.

arms with such vehemence that, his weakened heart not capable of withstanding this effort, all his powers and spirits left him, for his joy made them so expand that his soul's moorings gave way, and it flew back to its Creator. Although the poor body remained without life, and for this reason could no longer keep its hold, the love the girl had always concealed then showed itself with such violence that the mother and the dead man's servants had all they could do to separate the two. But by force they took the one who was still alive, but worse than dead, from the dead man's arms, and had him buried honorably. And at his funeral his victory was shown by the tears and cries of this poor young lady, who declared her love after his death all the more publicly because she had hidden it during his life, as if she were thereby making amends for the wrong she had done him. And afterward (as I have heard), no matter what husband she was given to calm her pain, there was never any joy in her heart.

Madame de Lafayette

La Comtesse de Tende,
Nouvelle historique

Mademoiselle de Strozzi, la fille du maréchal et proche parente de Catherine de Médicis, épousa, la première année de la Régence de cette reine, le comte de Tende, de la maison de Savoie, riche, bien fait, le seigneur de la cour qui vivait avec le plus d'éclat et plus propre à se faire estimer qu'à plaire. Sa femme néanmoins l'aima d'abord avec passion. Elle était fort jeune; il ne la regarda que comme une enfant, et il fut bientôt amoureux d'une autre. La comtesse de Tende, vive, et d'une race italienne, devint jalouse; elle ne se donnait point de repos; elle n'en laissait point à son mari; il évita sa présence et ne vécut plus avec elle comme l'on vit avec sa femme.

La beauté de la comtesse augmenta; elle fit paraître beaucoup d'esprit; le monde la regarda avec admiration; elle fut occupée d'elle-même et guérit insensiblement de sa jalousie et de sa passion.

Elle devint l'amie intime de la princesse de Neufchâtel, jeune, belle et veuve du prince de ce nom, qui lui avait laissé en mourant cette souveraineté qui la rendait le parti de la cour le plus élevé et le plus brillant.

Le chevalier de Navarre, descendu des anciens souverains de ce royaume, était aussi alors jeune, beau, plein d'esprit et d'élévation; mais la fortune ne lui avait donné d'autre bien que la naissance.

Mme. de Lafayette

The Countess of Tende, A Historical Tale

Mademoiselle de Strozzi, the marshal's daughter and a close relative of Queen Catherine de Medici, married, in the first year of the queen's regency, the Count of Tende, of the House of Savoy. Rich and handsome, he was the lord at the court who lived with the most brilliance, and was more likely to inspire esteem than love. His wife nevertheless loved him passionately at first. She was very young; he considered her only a child, and soon fell in love with another woman. The Countess of Tende, hot-blooded and from an Italian family, became jealous; she gave herself no rest, and let her husband have none; he avoided her presence and no longer lived with her as one lives with a wife.

The countess's beauty grew; she showed much wit; everyone regarded her with admiration; she was occupied with her own affairs and gradually got over her jealousy and her passion.

She became the intimate friend of the Princess of Neufchatel, who was young, beautiful, and the widow of the prince of the same name, who in dying had left her the princely domain that made her the noblest and most brilliant match at the court.

The Chevalier of Navarre, whose ancestors included former sovereigns of that realm, was then also young, handsome, full of wit and nobility; but fortune had given him no other advantage

Il jeta les yeux sur la princesse de Neufchâtel, dont il connaissait l'esprit, comme sur une personne capable d'un attachement violent et propre à faire la fortune d'un homme comme lui. Dans cette vue, il s'attacha à elle sans en être amoureux et attira son inclination: il en fut souffert, mais il se trouva encore bien éloigné du succès qu'il désirait. Son dessein était ignoré de tout le monde; un seul de ses amis en avait la confidence et cet ami était aussi intime ami du comte de Tende. Il fait consentir le chevalier de Navarre à confier son secret au comte, dans la vue qu'il l'obligerait à le servir auprès de la princesse de Neufchâtel. Le comte de Tende aimait déjà le chevalier de Navarre; il en parla à sa femme, pour qui il commençait à avoir plus de considération et l'obligea, en effet, de faire ce qu'on désirait.

La princesse de Neufchâtel lui avait déjà fait confidence de son inclination pour le chevalier de Navarre; cette comtesse la fortifia. Le chevalier la vint voir, il prit des liaisons et des mesures avec elle, mais, en la voyant, il prit aussi pour elle une passion violente. Il ne s'y abandonna pas d'abord; il vit les obstacles que ces sentiments partagés entre l'amour et l'ambition apporteraient à son dessein; il résista; mais, pour résister, il ne fallait pas voir souvent la comtesse de Tende et il la voyait tous les jours en cherchant la princesse de Neufchâtel; ainsi il devint éperdument amoureux de la comtesse. Il ne put lui cacher entièrement sa passion; elle s'en aperçut; son amour-propre en fut flatté et elle se sentit un amour violent pour lui.

Un jour, comme elle lui parlait de la grande fortune d'épouser la princesse de Neufchâtel, il lui dit en la regardant d'un air où sa passion était entièrement déclarée: "Et croyez-vous, madame, qu'il n'y ait point de fortune que je préférasse à celle d'épouser cette princesse?" La comtesse de Tende fut frappée des regards et des paroles du chevalier; elle le regarda des mêmes yeux dont il la

than his birth. He cast his eyes on the Princess of Neufchatel, with whose wit he was acquainted, considering her capable of a violent affection and of making the fortune of a man like himself. With that in mind, he attached himself to her without being in love with her, and attracted her interest: he was accepted, but found himself still far from the outcome he desired. His intention was unknown to anyone; he had taken only a single friend into his confidence, and that friend was also a close friend of the Count of Tende. He got the Chevalier of Navarre to the Count, hoping he would agree to help him win the Princess of Neufchatel. The Count of Tende already liked the Chevalier de Navarre; he spoke about him to his wife, for whom he was beginning to have more consideration, and obliged her, in fact, to do what was desired.

The Princess of Neufchatel had already told her about her interest in the Chevalier de Navarre; the countess strengthened it. The chevalier came to see her; he entered into relations and maneuvers with her; but as he saw her he also conceived a violent passion for her. He did not give in to it at first; he saw the obstacles these feelings divided between love and ambition would present to his design; he resisted; but, in order to resist, he would have had to avoid seeing the Countess of Tende so often, and he saw her every day in his pursuit of the Princess of Neufchatel; and so he fell madly in love with the countess. He could not hide his passion from her entirely; her vanity was flattered and she felt a violent love for him.

One day, as she was talking with him about the great fortune to be gained by marrying the Princess of Neufchatel, he said to her, looking at her in a way that openly declared his passion: "And do you believe, madame, that there is no fortune I should prefer to that of marrying this princess?" The Countess of Tende was struck by the Chevalier's glances and words; she looked back at

regardait, et il y eut un trouble et un silence entre eux, plus parlant que les paroles. Depuis ce temps, la comtesse fut dans une agitation qui lui ôta le repos; elle sentit le remords d'ôter à son amie le cœur d'un homme qu'elle allait épouser uniquement pour en être aimée, qu'elle épousait avec l'improbation de tout le monde, et aux dépens de son élévation.

Cette trahison lui fit horreur. La honte et les malheurs d' une galanterie se présentèrent à son esprit; elle vit l'abîme où elle se précipitait et elle résolut de l'éviter.

Elle tint mal ses résolutions. La princesse était presque déterminée à épouser le chevalier de Navarre; néanmoins elle n'était pas contente de la passion qu'il avait pour elle et, au travers de celle qu'elle avait pour lui et du soin qu'il prenait de la tromper, elle démêlait la tiédeur de ses sentiments. Elle s'en plaignit à la comtesse de Tende; cette comtesse la rassura; mais les plaintes de Mme de Neufchâtel achevèrent de troubler la comtesse; elles lui firent voir l'étendue de sa trahison, qui coûterait peut-être la fortune de son amant. La comtesse l'avertit des défiances de la princesse. Il lui témoigna de l'indifférence pour tout, hors d'être aimé d'elle; nèanmoins il se contraignit par ses ordres et rassura si bien la princesse de Neufchâtel qu'elle fit voir à la comtesse de Tende qu'elle était entièrement satisfaite du chevalier de Navarre.

La jalousie se saisit alors de la comtesse. Elle craignit que son amant n'aimât véritablement la princesse; elle vit toutes les raisons qu'il avait de l'aimer; leur mariage qu'elle avait souhaité, lui fit horreur, elle ne voulait pourtant pas qu'il le rompît, et elle se trouvait dans une cruelle incertitude. Elle laissa voir au chevalier tous ses remords sur la princesse de Neufchâtel; elle résolut seulement de lui cacher sa jalousie et crut en effet la lui avoir cachée.

La passion de la princesse surmonta enfin toutes ses

him in the same way he was looking at her, and there was a tremulous silence between them more eloquent than words. From that time on, the countess experienced an agitation that deprived her of all peace; she felt remorse for stealing from her friend the heart of a man she was going to marry solely for love, a man whom she was marrying despite everyone's disapproval, and to the detriment of her rank.

This betrayal horrified her. She thought of the shame and sufferings connected with a love affair; she saw the abyss into which she was throwing herself and she resolved to avoid it.

She did not keep her resolutions. The princess had almost made up her mind to marry the Chevalier of Navarre; however, she was not satisfied with his passion for her and, through it and the care he took to deceive her concerning it, she divined the lukewarm nature of his feelings. She complained about this to the Countess of Tende; the countess reassured her; but Madame de Neufchatel's complaints threw the Countess's feelings into complete confusion; they made her see the full extent of her betrayal, which would perhaps cost her lover his fortune. The countess warned him of the princess's suspicions. He showed indifference to everything, apart from being loved by her; nevertheless, on her orders he restrained himself, and so reassured the Princess of Neufchatel that she let the Countess of Tende see that she was entirely satisfied with the Chevalier of Navarre.

Jealousy then took the Countess in its grip. She feared that her lover might really love the princess; she saw all the reasons he had for loving her; their marriage, which she had desired, now horrified her; however, she did not want him to break it off, and she found herself in a cruel state of uncertainty. She let the chevalier see all her remorse regarding the Princess of Neufchatel; she resolved to

irrésolutions; elle se détermina à son mariage et se résolut de le faire secrètement et de ne le déclarer que quand il serait fait.

La comtesse de Tende était prête à expirer de douleur. Le même jour qui fut pris pour le mariage, il y avait une cérémonie publique; son mari y assista. Elle y envoya toutes ses femmes; elle fit dire qu'on ne la voyait pas et s'enferma dans son cabinet, couchée sur un lit de repos et abandonnée à tout ce que les remords, l'amour et la jalousie peuvent faire sentir de plus cruel.

Comme elle était dans cet état, elle entendit ouvrir une porte dérobée de son cabinet et vit paraître le chevalier de Navarre, paré et d'une grâce au-dessus de ce qu'elle ne l'avait jamais vu: "Chevalier, où allez-vous? s'écria-t-elle, que cherchez-vous ? Avez-vous perdu la raison ? Qu'est devenu votre mariage, et songez-vous à ma réputation?" Soyez en repos de votre réputation, madame, lui répondit-il; personne ne le peut savoir; il n'est question de mon mariage; il ne s'agit plus de ma fortune, il ne s'agit que de votre cœur, madame, et d'être aimé de vous, je renonce à tout le reste. Vous m'avez laissé voir que vous ne me haïssiez pas, mais vous m'avez voulu cacher que je suis assez heureux pour que mon mariage vous fasse de la peine. Je viens vous dire, madame, que j'y renonce, que ce mariage me serait un supplice et que je ne veux vivre que pour vous. L'on m'attend à l'heure que je vous parle, tout est prêt, mais je vais tout rompre, si, en le rompant, je fais une chose qui vous soit agréable et qui vous prouve ma passion.

La comtesse se laissa tomber sur un lit de repos, dont elle s'était relevée à demi et, regardant le chevalier avec des yeux pleins d'amour et de larmes:

"Vous voulez donc que je meure? lui dit-elle. Croyez-vous qu'un cœur puisse contenir tout ce que vous me faites sentir? Quitter à cause de moi la fortune qui vous attend! Je n'en puis seulement

conceal from him only her jealousy, and in fact believed she had succeeded in doing so.

The princess's passion finally surmounted all her irresolution; she decided to marry, planning to do it secretly and to make it public it only once it was done.

The Countess of Tende was about to expire from pain. The same day that was chosen for the marriage, there was a public ceremony; her husband attended it. She sent all her ladies-in-waiting; she had them say that she was not seeing anyone and closed herself up in her boudoir, lying on a daybed and giving herself up to all the cruellest feelings that remorse, love, and jealousy can cause.

While she was in this state, she heard a side door to her boudoir open, and saw the Chevalier of Navarre, dressed more gracefully than she had ever seen him. "Chevalier, where are you going?" she cried, "what are you looking for? Have you lost your mind? What has become of your marriage, and are you thinking about my reputation?"

"Don't be concerned about your reputation, madame," he replied. "No one can know; my marriage is not involved here, and neither is my fortune, but only your heart, madame, and being loved by you; I renounce all the rest. You have let me see that you do not hate me, but you have tried to conceal from me that I am fortunate enough that my marriage causes you distress. I have come to tell you, madame, that I am giving up my marriage, that for me this marriage would be torture, and that I want to live only for you. They are waiting for me as I speak to you, everything is ready, but I am going to break everything off, if by breaking it off I can do something that pleases you and proves my passion to you."

The countess sank down on the daybed, from which she had

supporter la pensée. Allez à Mme la princesse de Neufchâtel, allez à la grandeur qui vous est destinée; vous aurez mon cœur en même temps. Je ferai de mes remords, de mes incertitudes, et de ma jalousie, puisqu'il vous faut l'avouer, tout ce que ma faible raison me conseillera; mais je ne vous verrai jamais si vous n'allez tout à l'heure achever votre mariage. Allez, ne demeurez pas un moment, mais, pour l'amour de moi et pour l'amour de vous-même, renoncez à une passion aussi déraisonnable que celle que vous me témoignez et qui nous conduira peut-être à d'horribles malheurs."

Le chevalier fut d'abord transporté de joie de se voir si véritablement aimé de la comtesse de Tende; mais l'horreur de se donner à une autre lui revint devant les yeux. Il pleura, il s'affligea, il lui promit tout ce qu'elle voulut, à condition qu'il la reverrait encore dans ce même lieu . Elle voulut savoir, avant qu'il sortît, comment il y était entré. Il lui dit qu'il s'était fié à un écuyer qui était à elle, et qui avait été à lui, qu'il l'avait fait passer par la cour des écuries où répondait le petit degré qui menait à ce cabinet et qui répondait aussi à la chambre de l'écuyer.

Cependant, l'heure du mariage approchait et le chevalier, pressé par la comtesse de Tende, fut enfin contraint de s'en aller. Mais il alla, comme au supplice, à la plus grande et à la plus agréable fortune où un cadet sans bien eût été jamais élevé. La comtesse de Tende passa la nuit, comme on se le peut imaginer, agitée par ses inquiétudes; elle appela ses femmes sur le matin et, peu de temps après que sa chambre fut ouverte, elle vit son écuyer s'approcher de son lit et mettre une lettre dessus, sans que personne s'en aperçut. La vue de cette lettre la troubla, et parce qu'elle la reconnut être du chevalier de Navarre, et parce qu'il était si peu vraisemblable que, pendant cette nuit qui devait avoir été celle de ses noces, il eût eu le loisir de lui écrire, qu'elle craignit qu'il n'eût apporté, ou qu'il ne fut arrivé quelques obstacles à son mariage.

half risen, and looking at the chevalier with eyes full of love and tears, she said: "Do you want me to die, then? Do you think a heart can hold all you make me feel? To give up for my sake the fortune that awaits you! I cannot endure even the thought of it. Go to Madame the Princess of Neufchatel, go to the grandeur to which you are destined; you shall have my heart at the same time. I shall do with my remorse, my doubts, and my jealousy—since I must admit everything to you—whatever my weak reason advises; but I shall never see you again if you don't go immediately to complete your marriage. Go, don't remain a moment longer, but for my sake and for your own, give up a passion as unreasonable as the one you have revealed to me, and which will perhaps lead us to terrible unhappiness."

The chevalier was at first carried away by the joy of seeing that he was truly loved by the Countess of Tende; but the horror of giving himself to another came back to mind. He wept, he grieved, he promised her anything she wanted if she would let him see her again in this same place. She wanted to know, before he left, how he had gotten in. He told her that he had taken one of her footmen into his confidence, and that it was this footman who had let him in through the stable courtyard, from which there was a little stairway leading to her boudoir, and also to the footman's room.

However, the hour of the marriage was approaching, and the chevalier, urged by the Countess of Tende, was finally forced to leave. But he went as if to the gallows, to the greatest and most pleasant fortune to which a youngest son without property had ever been elevated. The Countess of Tende spent the night, as one might imagine, agitated by worries; she called her servants in the morning, and shortly after her bedroom had been opened up, she saw her footman approach her bed and lay a letter on it, without

Elle ouvrit la lettre avec beaucoup d'émotion et y trouva à peu près ces paroles:

"Je ne pense qu'à vous, madame, et je ne suis occupé que de vous; et dans les premiers moments de la possession légitime du plus grand parti de France, à peine le jour commence à paraître que je quitte la chambre où j'ai passé la nuit, pour vous dire que je me suis déjà repenti mille fois de vous avoir obéi et de n'avoir pas tout abandonné pour ne vivre que pour vous."

Cette lettre, et les moments où elle était écrite, touchèrent sensiblement la comtesse de Tende; elle alla diner chez la princesse de Neufchâtel, qui l'en avait priée. Son mariage était déclaré. Elle trouva un nombre infini de personnes dans la chambre; mais sitôt que cette princesse la vit, elle quitta tout le monde et la pria de passer dans son cabinet. A peine étaient-elles assises, que le visage de la princesse se couvrit de larmes. La comtesse crut que c'était l'effet de la déclaration de son mariage et qu'elle la trouvait plus difficile à supporter qu'elle ne l'avait imaginé; mais elle vit bientôt qu'elle se trompait. "Ah! madame," lui dit la princesse, "qu'ai-je fait? J'ai épousé un homme par passion; j'ai fait un mariage inégal, désapprouvé, qui m'abaisse; et celui que j'ai préféré à tout en aime une autre!" La comtesse de Tende pensa s'évanouir à ces paroles; elle crut que la princesse ne pouvait avoir pénétré la passion de son mari sans en avoir aussi démêlé la cause; elle ne put répondre. La princesse de Navarre (on l'appela ainsi depuis son mariage) n'y prit pas garde et, continuant: "M. le prince de Navarre, lui dit-elle, madame, bien loin d'avoir l'impatience que lui devait donner la conclusion de notre mariage, se fit attendre hier au soir. Il vint sans joie, l'esprit occupé et embarrassé; il est sorti de ma chambre à la pointe du jour sur je ne sais quel prétexte. Mais il venait d'écrire, je l'ai connu à ses mains. A qui pouvait-il écrire qu'à une

anyone noticing him. The sight of this letter disturbed her and, because she knew it was from the Chevalier of Navarre and because it was so unlikely that during what must have been his wedding night, he would have had time to write to her, she feared that he had made some impediment, or some impediment had arisen, to his marriage. She opened the letter with much emotion and found in it something like these words:

"I am thinking only of you, Madame, I am occupied only with you; and in the first moments of the legitimate possession of the greatest marriage partner in France, the sun has hardly begun to rise and I have left the bedchamber where I spent the night, in order to tell you that I have already repented countless times that I obeyed you and did not sacrifice everything to live only for you."

This letter, and the moment at which it was written, greatly moved the Countess of Tende; she went to dine at the Princess of Neufchatel's, who had asked her to do so. The princess's marriage had been made public. The countess found a great many people in the bedchamber; but as soon as the princess saw her, she left the others and asked her to come into her boudoir. They had hardly taken their seats before the princess's face was covered with tears. The countess thought this resulted from the announcement of her marriage, that she found it more difficult to endure than she had imagined; but she soon saw that she was mistaken. "Ah! madame," the princess said, "what have I done? I married a man out of passion; I made an unequal marriage that is condemned and lowers my standing; and the man whom I preferred to all others loves someone else!" The Countess of Tende thought she would faint on hearing these words; she believed the princess could not have divined her husband's passion without having also divined its cause; she could not reply. The Princess of Navarre (she was given this title since her marriage) did not notice, and went

maîtresse ? Pourquoi se faire attendre, et de quoi avait-il l'esprit embarrassé?"

L'on vint dans le moment interrompre cette conversation, parce que la princesse de Condé arrivait; la princesse de Navarre alla la recevoir et la comtesse de Tende demeura hors d'elle-même. Elle écrivit dès le soir au prince de Navarre pour lui donner avis des soupçons de sa femme et pour l'obliger à se contraindre. Leur passion ne se ralentit pas par les périls et par les obstacles; la comtesse de Tende n'avait point de repos et le sommeil ne venait plus adoucir ses chagrins. Un matin, après qu'elle eut appelé ses femmes, son écuyer s'approcha d'elle et lui dit tout bas que le prince de Navarre était dans son cabinet et qu'il la conjurait qu'il lui pût dire une chose qu'il était absolument nécessaire qu'elle sût. L'on cède aisément à ce qui plaît; la comtesse savait que son mari était sorti; elle dit qu'elle voulait dormir et dit à ses femmes de refermer ses portes et de ne point revenir qu'elle ne les appelât.

Le prince de Navarre entra par ce cabinet et se jeta à genoux devant son lit. "Qu'avez-vous à me dire?" lui dit-elle. "Que je vous aime, madame, que je vous adore, que je ne saurais vivre avec Mme de Navarre. Le désir de vous voir s'est saisi de moi ce matin avec une telle violence que je n'ai pu y résister. Je suis venu ici au hasard de tout ce qui pourrait en arriver et sans espérer même de vous entretenir." La comtesse le gronda d'abord de la commettre si légèrement et ensuite leur passion les conduisit à une conversation si longue que le comte de Tende revint de la ville. Il alla à l'appartement de sa femme, on lui dit qu'elle n'était pas éveillée. Il était tard; il ne laissa pas d'entrer dans sa chambre et trouva le prince de Navarre à genoux devant son lit, comme il s'etait mis d'abord. Jamais étonnement ne fut pareil à celui du comte de Tende, et jamais trouble n'égala celui de sa femme; le prince de Navarre conserva seul de la presence d'esprit et, sans se troubler

on: "Monsieur the Prince of Navarre, far from showing the impatience he ought to feel with regard to the consummation of our marriage, made me wait for him last night. He came in without joy, his mind preoccupied and burdened; on some pretext, he left my chamber at dawn. But he had just written something; I could see it by his hands. Whom could he have written to, other than a mistress? Why did he make me wait for him, and what was weighing on his mind?"

At that moment someone interrupted this conversation to announce the arrival of the Princess of Condé; the Princess of Navarre went to receive her, and the Countess of Tende remained, nearly out of her wits. She wrote that very evening to the Prince of Navarre to inform him of his wife's suspicions and to urge him to control himself. The growth of their passion was not slowed by the perils and obstacles; the Countess of Tende had no peace and slumber did not come to temper her suffering. One morning, after she had called in her servants, her footman came up to her and told her very quietly that the Prince of Navarre was in her boudoir and begged her to allow him to tell her something that it was absolutely necessary that she know. We easily yield to what pleases us; the countess knew that her husband had gone out; she said that she wanted to sleep, and told her servants to close her doors and not come back in unless she called for them.

The Prince of Navarre came in through her boudoir and threw himself on his knees before her bed. "What do you have to tell me?" she asked him.

"That I love you, madame, that I adore you, that I cannot live with Madame de Navarre. The desire to see you gripped me this morning with such violence that I could not resist it. I came here risking everything that might happen as a result and without even hoping to be able to talk with you."

ni se lever de la place: "Venez, venez," dit-il au comte de Tende, "m'aider a obtenir une grâce que je demande à genoux et que l'on me refuse."

Le ton et l'air du prince de Navarre suspendit l'étonnement du comte de Tende. "Je ne sais," lui répondit-il du même ton qu'avait parlé le prince, "si une grâce que vous demandez à genoux à ma femme, quand on dit qu'elle dort et que je vous trouve seul avec elle, et sans carrosse à ma porte, sera de celles que je souhaiterais qu'elle vous accorde." Le prince de Navarre, rassuré et hors de l'embarras du premier moment, se leva, s'assit avec une liberté entière, et la comtesse de Tende, tremblante et éperdue, cacha son trouble par l'obscurité du lieu où elle était. Le prince de Navarre prit la parole et dit au comte:

"Je vais vous surprendre, vous m'allez blâmer mais il faut néanmoins me secourir. Je suis amoureux et aimé de la plus aimable personne de la cour, je me dérobai hier au soir de chez la princesse de Navarre et de tous mes gens pour aller à un rendez-vous où cette personne m'attendait. Ma femme, qui a déjà démêlé que je suis occupé d'autre chose que d'elle, et qui a de l'attention à ma conduite, a su par mes gens que je les avais quittés; elle est dans une jalousie et un désespoir dont rien n'approche. Je lui ai dit que j'avais passé les heures qui lui donnaient de l'inquiétude, chez la maréchale de Saint-André, qui est incommodée et qui ne voit presque personne; je lui ai dit que Mme la comtesse de Tende y était seule et qu'elle pouvait lui demander si elle ne m'y avait pas vu tout le soir. J'ai pris le parti de venir me confier à Mme la comtesse. Je suis allé chez la Châtre, qui n'est qu'à trois pas d'ici; j'en suis sorti sans que mes gens m'aient vu et on m'a dit que madame était éveillée. Je n'ai trouvé personne dans son antichambre et je suis entré hardiment. Elle me refuse de mentir en ma faveur; elle dit qu'elle ne veut pas trahir

The Countess at first scolded him for having compromised her so thoughtlessly, and then their passion led them into a conversation so long that the Count of Tende returned from the city. He went to his wife's apartment; he was told that she was not awake. It was late; he went into her bedroom anyway, and found the Prince of Navarre on his knees at her bedside, as he had been from the beginning. No one was ever more astonished than the Count of Tende, and no one's distress ever equalled that of his wife; the Prince of Navarre alone retained his presence of mind, and, without seeming upset or getting up, he said to the Count: "Come help me obtain a favor that I am asking for on my knees and which I am being refused."

The Prince of Navarre's tone and manner cut short the Count's astonishment. "I don't know," he replied in the same tone as the Prince had used, "whether a favor you ask for at my wife's knees, when I am told that she is asleep and when I find you alone with her, and without a carriage at my door, will be a favor I would want her to accord you."

The Prince of Navarre, reassured and having gotten beyond the embarrassment of the first moment, rose, sat down with complete liberty, while the Countess of Tende, trembling and distraught, used the darkness of the room to hide her anxiety. The Prince of Navarre said to the count: "I am going to surprise you, and you are going to disapprove of me, but you will have to help me nonetheless. I love and am loved by the most adorable person at the court; I slipped away last night from the Princess of Navarre and all my servants to go to a rendez-vous where this person was waiting for me. My wife, who has already guessed that I am occupied with something besides her, and who is watching me, has found out from my servants that I had left them; she is in a fit of jealousy and despair unlike any other. I told her that I had

son amie et me fait des réprimandes très sages: je me les suis faites à moi-même inutilement. Il faut ôter à Mme la princesse de Navarre l'inquiétude et la jalousie où elle est, et me tirer du mortel embarras de ses reproches."

La comtesse de Tende ne fut guère moins surprise de la présence d'esprit du prince qu'elle l'avait été de la venue de son mari; elle se rassura et il ne demeura pas le moindre doute au comte. Il se joignit à sa femme pour faire voir au prince l'abîme des malheurs où il s'allait plonger et ce qu'il devait à cette princesse; la comtesse promit de lui dire tout ce que voulait son mari.

Comme il allait sortir, le comte l'arrêta: "Pour récompense du service que nous vous allons rendre aux dépens de la vérité, apprenez-nous du moins quelle est cette aimable maîtresse. Il faut que ce ne soit pas une personne fort estimable de vous aimer et de conserver avec vous un commerce, vous voyant embarqué avec une personne aussi belle que Mme la princesse de Navarre, vous la voyant épouser et voyant ce que vous lui devez. Il faut que cette personne n'ait ni esprit, ni courage, ni délicatesse et, en vérité, elle ne mérite pas que vous troubliez un aussi grand bonheur que le vôtre et que vous vous rendiez si ingrat et si coupable." Le prince ne sut que répondre; il feignit d'avoir hâte. Le comte de Tende le fit sortir lui-même afin qu'il ne fût pas vu.

La comtesse demeura éperdue du hasard qu'elle avait couru, des réflexions que faisaient faire les paroles de son mari et de la vue des malheurs où sa passion l'exposait; mais elle n'eut pas la force de s'en dégager. Elle continua son commerce avec le prince; elle le voyait quelquefois par l'entremise de La Lande, son écuyer. Elle se trouvait et était en effet une des plus malheureuses personnes du monde. La princesse de Navarre lui faisait tous les jours confidence d'une jalousie dont elle était la cause; cette jalousie la pénétrait de remords et quand la princesse de Navarre était

spent the hours that worried her at the Marechale of Saint-André's, who is ill and sees almost no one; I told her that Madame the Countess of Tende was the only one there and that she could ask her if she hadn't seen me there all evening. I decided to come confide in the countess. I went to the Châtre woman's place, which is only a short way from here; I left without my servants seeing me and I was told that the countess was awake. I found no one in her antechamber, and I boldly walked in. She refuses to lie for my sake; she says she cannot betray her friend, and reprimands me very sagely: I have reprimanded myself in the same terms, but in vain. We have to relieve the Princess of Navarre of her present concern and jealousy, and get me out of the mortal tangle of her reproaches."

The Countess of Tende was hardly less surprised by the Prince's presence of mind than she had been by her husband's arrival; she was reassured, and the count no longer had any doubts. He joined his wife in trying to make the prince see the abyss of unhappiness into which he was about to plunge and what he owed to the Princess; the countess promised to say to her whatever her husband wanted her to say. As the prince was about to leave, the count stopped him: "In return for the favor we are going to do for you, at least tell us this adorable mistress's name. She must not be very estimable, to love you and pursue a relationship with you, seeing you involved with someone as beautiful as the Princess of Navarre, seeing you marry her, and knowing what you owe her. She must have neither spirit, nor courage, nor delicacy, and, in truth, she is not worth disturbing a happiness as great as yours and making yourself so ungrateful and guilty." The prince did not know what to reply; he pretended to be in a hurry. The Count of Tende himself let him out of the house so that he might not be seen.

The countess was appalled by the risk she had run, by the

contente de son mari elle-même était pénétrée de jalousie à son tour.

Il se joignit un nouveau tourment à ceux qu'elle avait déjà: le comte de Tende devint aussi amoureux d'elle que si elle n'eût point été sa femme; il ne la quittait plus et voulait reprendre tous ses droits méprisés.

La comtesse s'y opposa avec une force et une aigreur qui allaient jusqu'au mépris: prévenue pour le prince de Navarre, elle était blessée et offensée de toute autre passion que de la sienne. Le comte de Tende sentit son procédé dans toute sa dureté et, piqué jusqu'au vif, il l'assura qu'il ne l'importunerait de sa vie et, en effet, il la laissa avec beaucoup de sécheresse.

La campagne s'approchait; le prince de Navarre devait partir pour l'armée. La comtesse de Tende commença à sentir les douleurs de son absence et la crainte des périls où il serait exposé; elle résolut de se dérober à la contrainte de cacher son affliction et prit le parti d'aller passer la belle saison dans une terre qu'elle avait à trente lieues de Paris.

Elle exécuta ce qu'elle avait projeté; leur adieu fut si douloureux qu'ils en devaient tirer l'un et l'autre un mauvais augure. Le comte de Tende demeura auprès du roi, où il était attaché par sa charge.

La cour devait s'approcher de l'armée, la maison de Mme de Tende n'en était pas bien loin; son mari lui dit qu'il y ferait un voyage d'une nuit seulement pour des ouvrages qu'il avait commencés. Il ne voulut pas qu'elle pût croire que c'était pour la voir; il avait contre elle tout le dépit que donnent les passions. Mme de Tende avait trouvé dans les commencements le prince de Navarre si plein de respect et elle s'était senti tant de vertu qu'elle ne s'était défiée ni de lui, ni d'elle-même. Mais le temps et les occasions avaient triomphé de sa vertu et du respect et, peu de temps après qu'elle fut chez elle, elle s'aperçut qu'elle était grosse.

thoughts aroused by her husband's words, and by her glimpse of the misfortunes to which her passion exposed her; but she did not have the strength to disengage herself from it. She continued her relationship with the prince; sometimes she saw him with the help of her footman, La Lande. She felt herself to be and in fact she was one of the unhappiest people in the world. Every day, the Princess of Navarre confided in her, telling her about the jealousy of which she was the cause; this jealousy made her intensely remorseful and, when the Princess of Navarre was happy with her husband, she herself felt intense jealousy in turn. A new torment was added to those she already suffered: the Count of Tende fell in love with her as much as if she had not been his own wife; he never left her side and wanted to reclaim the conjugal rights he had neglected.

The countess resisted this with a vigor and bitterness that amounted almost to disdain; having given her heart to the Prince of Navarre, she was hurt and offended by any passion other than his. Her stony response wounded the Count of Tende to the quick, and he assured her that he would never bother her again, and in fact he left her with a great deal of coldness.

The military campaign was soon to start; the Prince of Navarre had to leave for the army. The Countess of Tende began to feel the pain of his absence and to fear the perils to which he would be exposed; she resolved to spare herself the necessity of hiding her feelings by going to spend the summer at a property of hers thirty leagues from Paris.

She carried out this plan; their farewell was so painful that they both had to see it as a bad omen. The Count of Tende remained with the king, to whom he was attached by his office.

The court was to follow the army; Madame de Tende's house was not far away; her husband told her that he would travel there

Il ne faut que faire réflexion à la réputation qu'elle avait acquise et conservée et à l'état où elle était avec son mari, pour juger de son désespoir. Elle fut pressée plusieurs fois d'attenter à sa vie; cependant elle conçut quelque légère espérance sur le voyage que son mari devait faire auprès d'elle, et résolut d'en attendre le succès. Dans cet accablement, elle eut encore la douleur d'apprendre que La Lande, qu'elle avait laissé à Paris pour les lettres de son amant et les siennes, était mort en peu de jours, et elle se trouvait dénuée de tout secours, dans un temps où elle en avait tant de besoin.

Cependant l'armée avait entrepris un siège. Sa passion pour le prince de Navarre lui donnait de continuelles craintes, même au travers des mortelles horreurs dont elle était agitée.

Ses craintes ne se trouvèrent que trop bien fondées; elle reçut des lettres de l'armée; elle y apprit la fin du siège, mais elle apprit aussi que le prince de Navarre avait été tué le dernier jour. Elle perdit la connaissance et la raison; elle fut plusieurs fois privée de l'une et de l'autre. Cet excès de malheur lui paraissait dans des moments une espèce de consolation. Elle ne craignait plus rien pour son repos, pour sa réputation ni pour sa vie; la mort seule lui paraissait désirable: elle l'espérait de sa douleur ou était résolue de se la donner. Un reste de honte l'obligea à dire qu'elle sentait des douleurs excessives, pour donner un prétexte à ses cris et à ses larmes. Si mille adversités la firent retourner sur elle-même, elle vit qu'elle les avait méritées, et la nature et le christianisme la détournèrent d'être homicide d'elle-même et suspendirent l'exécution de ce qu'elle avait résolu.

Il n'y avait pas longtemps qu'elle était dans ces violentes douleurs, lorsque le comte de Tende arriva. Elle croyait connaître tous les sentiments que son malheureux état lui pouvait inspirer; mais l'arrivée de son mari lui donna encore un trouble et une

for one night only to look into projects he had begun. He did not want her to think that he was coming to see her; he felt all the spite that great passions produce. Madame de Tende had found the Prince of Navarre at first so full of respect and she was so confident of her own virtue that she had mistrusted neither him nor herself. But time and opportunities won out over her virtue and his respect, and shortly after she had arrived home, she discovered that she was with child. One has only to consider the reputation she had acquired and maintained, and the state of her relations with her husband, in order to imagine her despair. She was several times on the point of committing suicide; however, she set some meager hope on the visit her husband was to make to her, and she resolved to wait to see what came of it. In this distress, she had the further pain of learning that La Lande, whom she had left in Paris to convey her letters and those of her lover, had died after a short illness, and she found herself deprived of all help at a time when she so much needed it.

In the meantime, the army had begun a siege. Her passion for the Prince of Navarre caused her continual apprehensions, even in the midst of the mortal horrors that beset her.

Her fears turned out to be only too well founded; she received letters from the army; she learned that the siege had ended, but she also learned that the Prince of Navarre had been killed on its last day. She lost consciousness and reason; often she had neither one nor the other. This excessive misfortune seemed to her at some moments a sort of consolation. She no longer had any fear regarding her peace, her reputation, or her life; death alone seemed to her desirable. She hoped her pain would kill her; if not, she was resolved to kill herself. A remaining bit of shame obliged her to say that she felt excessive pains, in order to have a pretext for her cries and her tears. If countless adversities turned her inward

confusion qui lui fut nouvelle. Il sut en arrivant qu'elle était malade et, comme il avait toujours conservé des mesures d'honnêteté aux yeux du public et de son domestique, il vint d'abord dans sa chambre. Il la trouva comme une personne hors d'elle-même, comme une personne égarée et elle ne put retenir ses larmes, qu'elle attribuait toujours aux douleurs qui la tourmentaient. Le comte de Tende, touché de l'état où il la voyait, s'attendrit pour elle et, croyant faire quelque diversion à ses douleurs, il lui parla de la mort du prince de Navarre et de l'affliction de sa femme.

Celle de Mme de Tende ne put résister à ce discours; ses larmes redoublèrent d'une telle sorte que le comte de Tende en fut surpris et presque éclairé; il sortit de la chambre plein de trouble et d'agitation; il lui sembla que sa femme n'était pas dans l'état que causent les douleurs du corps; ce redoublement de larmes, lorsqu'il lui avait parlé de la mort du prince de Navarre, l'avait frappé et, tout d'un coup, l'aventure de l'avoir trouvé à genoux devant son lit se présenta à son esprit. Il se souvint du procédé qu'elle avait eu avec lui, lorsqu'il avait voulu retourner à elle, et enfin il crut voir la vérité; mais il lui restait néanmoins ce doute que l'amour-propre nous laisse toujours pour les choses qui coûtent trop cher à croire.

Son désespoir fut extrême, et toutes ses pensées furent violentes; mais comme il était sage, il retint ses premiers mouvements et résolut de partir le lendemain à la pointe du jour sans voir sa femme, remettant au temps à lui donner plus de certitude et à prendre ses résolutions.

Quelque abîmée que fût Mme de Tende dans sa douleur, elle n'avait pas laissé de s'apercevoir du peu de pouvoir qu'elle avait eu sur elle-même et de l'air dont son mari était sorti de sa chambre; elle se douta d'une partie de la vérité et, n'ayant plus que de

on herself, she saw that she had deserved them. Nature and Christianity both discouraged her from committing suicide and suspended the execution of what she had resolved to do.

She had not long been suffering these violent pains when the Count of Tende arrived. She thought she knew all the feelings that her wretched state could inspire; but the arrival of her husband produced a distress and confusion that were new to her. He learned on arriving home that she was ill, and as he had continued to treat his wife with respect in public and among their servants, he went at once to her bedchamber. She seemed to him beside herself, distraught and incapable of holding back her tears, which she continued to attribute to the pains that were tormenting her. The Count of Tende, moved by the state in which he found her, felt sorry for her, and thinking to distract her from her suffering, he told her about the death of the Prince of Navarre and his wife's grief.

Madame de Tende's grief could not withstand hearing what her husband said; she wept even more uncontrollably, so that the Count de Tende was surprised and almost guessed its cause; he left the room full of concern and agitation; it seemed to him that his wife's condition was not the result of bodily pains; he had been struck by the redoubling of her tears when he spoke of the Prince of Navarre's death, and all at once he remembered the time he had found the prince on his knees at her bedside. He recalled the way she had treated him when he had wanted to return to her, and finally he thought he glimpsed the truth; but he still nourished the doubt that vanity always leaves us regarding things that cost us too much to believe.

His despair was extreme, and all his thoughts were violent; but since he was prudent, he restrained his first impulses and resolved to leave the next morning at dawn without seeing his wife again, allowing time to confirm his suspicions and to decide what to do.

l'horreur pour sa vie, elle se résolut de la perdre d'une manière qui ne lui ôtât pas l'espérance de l'autre.

Après avoir examiné ce qu'elle allait faire, avec des agitations mortelles, pénétrée de ses malheurs et du repentir de sa vie, elle se détermina enfin à écrire ces mots à son mari:

"Cette lettre va me couter la vie; mais je mérite la mort et je la désire. Je suis grosse. Celui qui est la cause de mon malheur n'est plus au monde, aussi bien que le seul homme qui savait notre commerce; le public ne l'a jamais soupçonné. J'avais résolu de finir ma vie par mes mains, mais je l'offre à Dieu et à vous pour l'expiation de mon crime. Je n'ai pas voulu me déshonorer aux yeux du monde, parce que ma réputation vous regarde; conservez-la pour l'amour de vous. Je vais faire paraître l'état où je suis; cachez-en la honte et faites-moi périr quand vous voudrez et comme vous voudrez."

Le jour commençait à paraître lorsqu'elle eut écrit cette lettre, la plus difficile à écrire qui ait peut-être jamais été écrite; elle la cacheta, se mit à la fenêtre et, comme elle vit le comte de Tende dans la cour, prêt à monter en carosse, elle envoya une de ses femmes la lui porter et lui dire qu'il n'y avait rien de pressé et qu'il la lût à loisir. Le comte de Tende fut surpris de cette lettre; elle lui donna une sorte de pressentiment, non pas de tout ce qu'il devait y trouver, mais de quelque chose qui avait rapport à ce qu'il avait pensé la veille. Il monta seul en carosse, plein de trouble et n'osant même ouvrir la lettre, quelque impatience qu'il eût de la lire; il la lut enfin et apprit son malheur; mais que ne pensa-t-il point après l'avoir lue! S'il eût eu des témoins, le violent état où il était l'aurait fait croire privé de raison ou prêt de perdre la vie. La jalousie et les soupçons bien fondés préparent d'ordinaire les maris à leurs malheurs; ils ont même toujours quelques doutes,

Despite Madame de Tende's preoccupation with her suffering, she had not failed to note how little power she had over herself, and the manner in which her husband had left her room; she guessed part of the truth, and no longer feeling anything but horror for her own life, she resolved to lose it in a way that would not deprive her of the hope of a better one.

After having considered what she was going to do, mortally troubled and beset by her misfortunes and repentance for her life, she finally decided to write these words to her husband:

"This letter will cost me my life; but I deserve death and desire it. I am with child. The man who is the cause of my misfortune is no longer in this world, and neither is the only man who knew of our relationship; other people have never suspected it. I had resolved to put an end to my life with my own hands, but I offer it to God and to you in expiation for my crime. I do not want to dishonor myself in the eyes of society because my reputation affects you; preserve it for your own sake. My condition will soon become apparent; conceal its shame and put me to death when you choose and as you choose."

The sun was beginning to come up when she finished this letter, the most difficult to write that has perhaps ever been written; she sealed it, went to the window and, when she saw the Count of Tende in the courtyard, ready to get into his carriage, she told one of her servants to take it to him and tell him it was not urgent, that he should read it at his leisure. The Count of Tende was surprised by this letter; he felt a sort of foreboding, not about what he would find in it, but about something relating to what he had thought the day before. He got into his carriage alone, greatly troubled and not daring even to open the letter, though he was impatient to read it; he finally read it and discovered his misfortune; but what thoughts he had after having read it! Had

mais ils n'ont pas cette certitude que donne l'aveu, qui est au-dessus de nos lumières.

Le comte de Tende avait toujours trouvé sa femme très aimable, quoiqu'il ne l'eût pas également aimée; mais elle lui avait toujours paru la plus estimable femme qu'il eût jamais vue; ainsi, il n'avait pas moins d'étonnement que de fureur et, au travers de l'un et de l'autre, il sentait encore, malgré lui, une douleur où la tendresse avait quelque part.

Il s'arrêta dans une maison qui se trouva sur son chemin, où il passa plusieurs jours, agité et affligé, comme on peut se l'imaginer. Il pensa d'abord tout ce qu'il était naturel de penser en cette occasion; il ne songea qu'à faire mourir sa femme, mais la mort du prince de Navarre et celle de La Lande, qu'il reconnut aisément pour le confident, ralentit un peu sa fureur. Il ne douta pas que sa femme ne lui eût dit vrai, en lui disant que son commerce n'avait jamais été soupçonné; il jugea que le mariage du prince de Navarre pouvait avoir trompé tout le monde, puisqu'il avait été trompé lui-mème. Après une conviction si grande que celle qui s'était présentée à ses yeux, cette ignorance entière du public pour son malheur lui fut un adoucissement; mais les circonstances, qui lui faisaient voir à quel point et de quelle manière il avait été trompé, lui perçaient le cœr, et il ne respirait que la vengeance. Il pensa néanmoins que, s'il faisait mourir sa femme et que l'on s'aperçût qu'elle fût grosse, l'on soupçonnerait aisément la vérité. Comme il était l'homme du monde le plus glorieux, il prit le parti qui convenait le mieux à sa gloire et résolut de ne rien laisser voir au public. Dans cette pensée, il envoya un gentilhomme à la comtesse de Tende, avec ce billet:

"Le désir d'empêcher l'éclat de ma honte l'emporte présentement sur ma vengeance; je verrai, dans la suite, ce que

there been witnesses, his violent state would have made them think he was deprived of reason or ready to abandon life. Jealousy and well-founded suspicions usually prepare husbands for their misfortunes; they even always have some doubts, but they do not have the certainty given by a confession, which is above all our understanding.

The Count of Tende had always found his wife very loveable, although he had not always loved her; but she had ever seemed to him the most worthy wife he had seen; and thus his astonishment was no less than his fury, and beyond both of them he felt, in spite of himself, a pain in which love still played a part.

He stopped at a house that was on his way, and spent several days there, troubled and distraught, as one might well imagine. He first thought everything it was natural to think in such a situation; he wanted only to kill his wife, but the death of the Prince of Navarre and that of La Lande, whom he easily recognized as the confidant, somewhat slowed his fury. He did not doubt that his wife had told him the truth in saying that their relationship had never been suspected; it seemed to him that the Prince of Navarre's marriage could have deceived everyone, since he himself had been deceived by it. After a certainty so great as the one which had been laid before his eyes, the notion that no one else knew of his misfortune was a comfort; but the circumstances, which made him see how fully and in what manner he had been deceived, pierced his heart, and he breathed only vengeance. He nonetheless thought that if he killed his wife and people found out that she was pregnant, they would easily divine the truth. Since he was the proudest man in the world, he decided on the course of action that was most in accord with his pride, and he decided not to let people see anything. With this in mind, he sent a gentleman to the Countess of Tende, bearing this note:

j'ordonnerai de votre indigne destinée. Conduisez-vous comme si vous aviez toujours été ce que vous deviez être."

La comtesse reçut ce billet avec joie; elle le croyait l'arrêt de sa mort et, quand elle vit que son mari consentait qu'elle laissât paraître sa grossesse, elle sentit bien que la honte est la plus violente de toutes les passions. Elle se trouva dans une sorte de calme de se croire assurée de mourir et de voir sa réputation en sûreté; elle ne songea plus qu'à se préparer à la mort; et, comme c'était une personne dont tous les sentiments étaient vifs, elle embrassa la vertu et la pénitence avec la même ardeur qu'elle avait suivi sa passion. Son âme était, d'ailleurs détrompée et noyée dans l'affliction; elle ne pouvait arrêter les yeux sur aucune chose de cette vie qui ne lui fût plus rude que la mort même; de sorte qu'elle ne voyait de remède à ses malheurs que par la fin de sa malheureuse vie. Elle passa quelque temps en cet état, paraissant plutôt une personne morte qu'une personne vivante. Enfin, vers le sixième mois de sa grossesse, son corps succomba, la fièvre continue lui prit et elle accoucha par la violence de son mal. Elle eut la consolation de voir son enfant en vie, d'être assurée qu'il ne pouvait vivre et qu'elle ne donnait pas un héritier illégitime à son mari. Elle expira elle-même peu de jours après et reçut la mort avec une joie que personne n'a jamais ressentie; elle chargea son confesseur d'aller porter à son mari la nouvelle de sa mort, de lui demander pardon de sa part et de le supplier d'oublier sa mémoire, qui ne lui pouvait être qu'odieuse.

Le comte de Tende reçut cette nouvelle sans inhumanité, et même avec quelques sentiments de pitié, mais néanmoins avec joie. Quoiqu'il fût fort jeune, il ne voulut jamais se remarier, et il a vécu jusqu'à un âge fort avancé.

"The desire to prevent the revelation of my shame is presently greater than my desire for vengeance; I shall decide later what your unworthy fate shall be. Act as though you have always been what you should be."

The countess received this note with joy; she believed it was her death warrant, and when she saw that her husband consented to let her pregnancy become obvious, she felt that shame is indeed the most violent of all the passions. She found herself in a sort of calm, believing that she was sure to die and see her reputation safe; she no longer thought of anything other than preparing herself for death; and since she was a person whose feelings were always intense, she embraced virtue and penitence with the same ardor that she had pursued her passion. Her soul was, moreover, disillusioned and full of suffering; she could set her eyes on nothing in this life that was not more unendurable than death itself, so that she saw no other remedy for her pain than the end of her wretched life. She spent some time in this state, seeming more dead than alive. Finally, toward the sixth month of her pregnancy, her body gave way, she was gripped by a persistent fever and the severity of her illness caused her to give birth. She had the consolation of seeing her child alive, of being certain that it could not live, and knowing that she would not give her husband an illegitimate heir. She herself died a few days later and received death with a joy no one else has ever felt; she asked her confessor to tell her husband about her death, to ask his pardon on her behalf, and to beg him to forget her, since her memory could only be odious to him.

The Count of Tende received this news without inhumanity, and even with a few feelings of pity, but nonetheless with joy. Although he was very young, he refused to marry again, and lived to a very advanced age.

Rétif de la Bretonne

Le Ci-Devant qui épouse une sans-culotte

*U*n riche noble, quand il y en avait, qui n'avait pas encore voulu se marier, fut effrayé des menaces qu'on faisait aux aristocrates. Il résolut de prendre femme et de se mettre sous la protection des sans-culottes en s'alliant avec eux. Cependant les moyens lui paraissaient difficiles; car, quoiqu'ils ne fussent pas fiers, il ne savait comment les aborder. Pendant qu'il y rêvait, un jour, en passant par la rue de la Bûcherie, il aperçut une jeune nymphe sans-culotte qui passait avec sa mère: elle était mise en toile rouge, mais propre comme un sou, du temps qu'il y en avait. Indépendamment de tout autre motif, il la trouva charmante et sentit que le bonheur serait d'en être aimé. Autrefois, il aurait parlé, il aurait offert sa fortune, supposé qu'il eût été assez amoureux, et la fille assez vertueuse pour cela. Aujourd'hui, le ci-devant cache sa qualité. Il était heureusement en habit de garde nationale. Il les suivit jusqu'à leur porte. Elles habitaient une petite maison à un étage. Là, il salua la mère d'un air riant.

"Citoyen," lui dit-elle, "vous paraissez me connaître; mais, moi, je ne vous connais pas."

"Peut-être me trompé-je," répondit le ci-devant; "je vous ai prise … " Il allait dire un nom, lorsqu'une blanchisseuse en fin, qui

Rétif de la Bretonne

The Former Aristocrat who Marries a Revolutionary

A rich noble (when there still were such people) who had not yet made up his mind to marry, was frightened by the threats being made against his fellow aristocrats. He decided to take a wife and put himself under the protection of the revolutionaries by allying himself with them. However, he found it hard to go about doing so, for although the revolutionaries were not haughty, he did not know how to approach them. One day, while he was thinking about this as he went down the Rue de la Bûcherie, he noticed a virginal young revolutionary who was walking along with her mother; she was dressed in coarse red cotton, but she was as clean as a *sou* (when there still were such coins). Independently of any other motive, he found her charming and felt that happiness would consist in being loved by her. Formerly, he would have spoken, he would have offered his fortune, supposing that he was sufficiently in love, and the girl virtuous enough for that sort of thing. Now the former aristocrat hid his social status. Fortunately, he was wearing the uniform of the national guards. He followed them to their house. They lived in a small two-story house. There, he went up to the mother and greeted her cheerfully.

"Citizen," she said to him, "you seem to know me; but I don't know you."

avait un petit panier au bras, arriva là, et, se croyant, en qualité de jolie fille, le droit d'interrompre la conversation, elle dit:

"Madame Chantocé, voilà vos bonnets ronds et vos tours de gorge, que je vous rapporte… Bonjou' Marie-Louise. Eh! ben, tu ne veux donc pas, avec ce … comment? graveur, peintre, dessinateur?"

"Non, non," répondit Madame Chantocé. "Un bel état dans le temps où que nous sommes! C'est pour mourir de faim! J'aimerais mieux un soldat qui aurait du mérite."

"Je n'en veux pas non plus," dit modestement Marie-Louise. "Mais le citoyen vous parlait, ma mère. Répondez-lui, pendant que je vas compter nos affaires."

"Arrange ça, ma fille," dit la mère Chantocé. "Citoyen, vous en étiez à … Pour qui vous me preniez?"

"Pour une Bretonne, de Vanade, à quatre lieues de Chantocé et trois d'Ancenis." "Ah! Ah! vous connaissez mon pays, au moins! Je suis d'Oudon; mais mon homme, lui, était de Chantocé, dont on lui a donné le nom."

"Madame, je suis charmé de vous voir. Permettez-moi d'entrer chez vous, et nous causerons."

"Volontiers, citoyen! C'ment que vous vous appelez?"

"Gemonville, à vous servir. J'ai demeuré longtemps à Nantes, puis à la Roche-Bernard, aujourd'hui la Roche-Sauveur, à cause du brave patriote Sauveur que les rebelles ont massacré parce qu'il ne voulait pas crier comme eux." "Ah! je vois que vous êtes patriote, et bon Breton."

"Ne vous ai-je pas vu à Marillac, madame?"

"Non; je suis toujours restée à Paris, où je suis née; mais mon père était de Pontchâteau, à trois lieues de la Roche-Sauveur comme vous dites qu'elle s'appelle à c't'heure."

"Nous sommes pays, citoyenne Chantocé, et si bien pays, tenez,

"Perhaps I am mistaken," the former aristocrat replied, "I thought you were…" He was about to say a name when a laundress with her basket over her arm came along, and thinking that as a pretty girl, she had the right to interrupt the conversation, she said:

"Madame Chantocé, here are your round bonnets and your collars that I'm bringing back to you… Hello, Marie-Louise. Well! So you don't want that, that… what is he? an engraver, painter, sketcher?"

"No, no," Madame Chantocé replied. "A fine occupation these days! We'd die of hunger! I'd rather have a soldier with some mettle."

"I don't want that, either," Marie-Louise said modestly. "But the citizen was speaking to you, mother. Answer him, while I count our things."

"Do that, dear," said mother Chantocé. "Citizen, you were saying… Who did you take me for?"

"For a woman from Brittany, from Vanade, four leagues from Chantocé and three from Ancenis."

"Ah! You know my country, at least! I am from Oudon; but my man, he's from Chantocé, that's how he got his name."

"Madame, I am delighted to see you. Allow me to come in, and we'll talk a bit."

"Gladly, citizen! What's your name again?"

"Gemonville, at your service. I lived for a long time in Nantes, and then in La Roche-Bernard, which is now called La Roche-Sauveur, because of the brave patriot Sauveur whom the rebels massacred because he didn't want to shout the way they did."

"Ah! I see you are a patriot, and a good Breton."

"Haven't I seen you in Marillac, madame?"

que me voilà tout d'un coup tombé amoureux de mam'selle votre fille, que je vous demanderai en mariage dès que vous me connaîtrez."

"Oh! qué chute! citoyen Gemonville! Et comme vous amenez ça! … N'est-ce pas que le citoyen est drôle, Marie-Louise?" Marie-Louise rougissait sans répondre. La mère reprit: "Allons! allons! citoyen, quand nous nous connaîtrons … "

"Oui," reprit Gemonville, "c'est tout ce que je demande, que d'avoir occasion de faire votre honorable connaissance, citoyenne Chantocé; ainsi que celle de la citoyenne Marie-Louise, votre aimable fille; car, depuis que je suis bon à marier, je n'ai encore vu qu'elle que je voulus avoir pour compagne de ménage. Il me semble qu'on ne pourrait qu'être heureux, en rentrant au logis, le soir, ou à toute autre heure, d'y trouver une aussi jolie receveuse qu'elle, et une aussi bonne mère que vous, citoyenne Chantocé."

"Ah! ça, mais, écoutez donc, citoyen, on dirait que vous parlez sérieusement?"

"Si sérieusement que j'offre le mariage comme vous voudrez, fait devant la municipalité, fait même à l'église, si vous croyez ça plus ferme, citoyenne."

"Dis donc, Marie-Louise, il est joli garçon. Ah! ça, citoyen, pour c'mencer la connaissance, ma fille a son trousseau; elle est unique; elle aura tout; nous avions en Bretagne un petit bienfonds, à Pontchâteau, qui rapportait par année, bon an, mal an, trois cents livres d'affermage: mais nous ne l'avons plus. Qu'avez-vous, vous, citoyen?"

"Moi, citoyenne? J'avais à Lorient quatre maisons, qui rapportent trois mille livres; je vous prouverai ça avant le mariage, citoyenne Chantocé."

"Je vois, citoyen, que vous étiez riche; mais l'êtes-vous toujours?"

"No, I've always stayed in Paris, where I was born; but my father was from Pontchâteau, three leagues from La Roche-Sauveur as you say it's now called."

"We're countrymen, Citizen Chantocé, and so much so that, well, here I've gone and fallen in love with mademoiselle your daughter, and I'll ask for her hand in marriage as soon as you've gotten to know me."

"Well, what a surprise, Citizen Gemonville! And how you get around to that!... Isn't the citizen funny, Marie-Louise?" Marie-Louise blushed and said nothing. Her mother went on: "We'll see! We'll see, Citizen, when we've gotten to know you!"

"Yes," Gemonville replied, "that's all I ask, just to have a chance to make your honorable acquaintance, Citizen Chantocé; as well as that of Citizen Marie-Louise, your charming daughter; for since I've been of an age to marry, I've never seen anyone but her I wanted to live with. It seems to me a man could not fail to be happy coming home in the evening, or at any other time, and being welcomed by a girl as pretty as she is, and a mother as good as you are, Citizen Chantocé."

"Ah! Well now, just listen to you then, you sound serious... Are you, Citizen?"

"So serious that I'm offering marriage any way you like, performed before the municipal authorities, or even in church, if you think that's more solid, Citizen."

"See here, Marie-Louise, he's a good-looking fellow. Ah! Now, Citizen, to start getting acquainted, my daughter has her trousseau; she is an only child; she will inherit everything; in Brittany we had a little property, in Pontchâteau, which brought in every year, good years and bad, three hundred livres in rent: but we no longer have it. What do you have, Citizen?"

"I, Citizen? I have four houses in Lorient, which bring in three

"Oui, citoyenne; et, si je n'étais pas en état de donner du pain à une jolie fille comme la citoyenne votre fille, je ne me proposerais pas comme ça de but en blanc. Je vous prouverai tout ça quand il vous plaira."

"Dame! dis donc, Marie-Louise? ... Nous verrons ça, citoyen. En attendant, v'là des petits pois qui cuisent; si vous en voulez manger; c'est de bon cœur."

"C'est donc ça qui sent si bon?" dit naïvement Gemonville. Et il pensa en lui-même: "Je vais voir à la manière empressé, ou lente, dont Marie-Louise mettra le couvert, si je lui conviens ... "

Marie-Louise, vermeille comme la rose, ou comme une belle cerise encore sur l'arbre, eut mis le couvert en un clin d'œil. Elle posa sur la table trois gobelets d'argent enveloppés dans du coton, la belle salière, et la soupe fut mise dans une soupière à fleurs, qui n'avait pas coutume de servir. Les assiettes de fine faœence furent tirées du buffet. Elle alla à la cave, et les deux bouteilles qu'elle apporta avaient été ensablées.

"Bon!" dit Gemonville, "ça ira!"

On dîna gaîment, c'est-à-dire le galant et la citoyenne Chantocé, car la fille était un peu troublée. Il demanda permission de revenir le lendemain avec ses papiers, priant la citoyenne d'avoir quelqu'un en qui elle eût confiance. Ce qu'elle promit; et il s'en alla avant que d'avoir ennuyé.

La mère et la fille ne parlèrent que de lui. Marie-Louise convint qu'il était aimable, qu'il avait de l'esprit, et qu'il n'était pas intéressé, la mère, qu'il était poli, et joli garçon. "Nous verrons ce que ça deviendra, ajouta-t-elle. Mais il est ben riche! ... Au reste, comme on s'enrichit toujours, à la demande, nous serons encore assez heureuses s'il en reste le tiers, le lendemain des noces." Pour Gemonville, il était enchanté de Marie-Louise, et très content de sa mère. Il se confirma dans l'idée de l'épouser et de s'environner

thousand livres; I can prove that to you before the marriage, Citizen Chantocé."

"I see, Citizen, that you used to be rich, but are you still?"

"Yes, Citizen; and if I were not capable of providing for a pretty girl like the citizen your daughter, I would not propose myself as a husband like that, point blank. I will prove all that whenever you want."

"Indeed! Well, then, Marie-Louise?... We'll see, Citizen. In the meantime, were cooking some peas, if you'd like to eat some, we'd be delighted to have you."

"Is that what smells so good?" Gemonville said artlessly. And he thought to himself: "I'll see by the way Marie-Louise sets the table, quickly or slowly, whether I suit her..."

Marie-Louise, scarlet like a rose, or like a beautiful cherry still on the tree, set the table in the twinkling of an eye. She put three silver goblets wrapped in cotton on the table, and the good salt-cellar; the soup was put in a tureen with flowers on it, which was not normally used. The fine china dishes were taken from the buffet. She went to the wine-cellar and the two bottles she brought up had been stored in sand.

"Great!" Gemonville said, "this will be fine!"

They all dined gaily, that is the would-be lover and Citizen Chantocé, for the girl was a little troubled. He asked permission to come back the next day with his papers, begging the citizen to have someone there in whom she had confidence. She promised to do so, and he went away before he annoyed them.

The mother and the daughter talked of nothing but him. Marie-Louise agreed that he was pleasant, that he was witty, and that he was not seeking to marry her for her money, and her mother agreed that he was polite, and a handsome fellow. "We'll see what comes of it," she added. "But he's very rich!... On the

de tous les sans-culottes de la connaissance de sa femme, en fraternisant avec eux.

Il ne manqua pas de revenir le lendemain. Il trouva la citoyenne Chantocé environnée de sa famille, outre un avoué, appelé pour parler d'affaires. Il se fit bien venir de tout le monde par sa politesse et sa franchise, sans néanmoins parler de sa qualité passée. Il se montra comme un bon Breton, ami de la patrie et prêt à se sacrifier pour elle. Il supprima son nom de terre, et n'employa que son nom de Gemonville. On dressa les articles, parce qu'il pressa la mère. Il avantagea la future plus qu'on ne demandait; enfin, il montra tant de droiture et de bonne volonté pour elle que tout le monde félicita Marie-Louise. On avait un joli dîner pour la compagnie. Gemonville demanda la permission de l'augmenter, et le reste de la journée se passa dans la joie. Le soir, avant de se séparer, la mère laissa un moment de tête-à-tête au futur. Gemonville l'employa bien. Il montra des sentiments si tendres, si généreux, si honnêtes, qu'il toucha un cœur que sa bonne mine avait déjà prévenu. Il attendrit Marie-Louise et lui communiqua de sa délicatesse …

Le lendemain, il vint, dès le matin, inviter ces dames à l'honorer d'une visite. Il s'était logé convenablement, ce qui était très bien pour un noble qui voulait devenir sans-culotte. Elles consentirent à sa demande, et il promit de les venir chercher en fiacre, avec deux de leurs plus intimes connaissances. On était donc cinq dans la voiture, et Marie-Louise fut sur les genoux de son prétendu. En arrivant, la mère Chantocé, ainsi que les deux amies, visitèrent toute la maison, en se récriant sur la commodité, sur la quantité de choses qu'il y avait. Pendant ce temps-là, Gemonville, lui, montrait à Marie-Louise le petit appartement qu'elle aurait quand elle serait sa femme: trois pièces, une belle chambre, un beau cabinet pour lire et écrire, et celui pour la toilette. Il lui montra

other hand, people always exaggerate their wealth when they're asked about it, and we'll be satisfied if he still has a third of what he says he has, the day after the wedding." As for Gemonville, he was delighted with Marie-Louise, and very happy with her mother. He became committed to the idea of marrying her and surrounding himself with all the revolutionaries his wife knew, and fraternizing with them.

He did not fail to return the next day. He found Citizen Chantocé surrounded by her family, along with an attorney, called in to talk business. Gemonville made himself welcome to everyone by his politeness and frankness, without however speaking of his former rank. He represented himself as a good Breton, devoted to the fatherland and ready to sacrifice himself for it. He omitted the name of his noble land, and used only his family name, Gemonville. They drew up the articles of marriage, because he urged the mother to do so. He accorded his future wife more than they asked for; in short, he showed so much fairness and good will for Marie-Louise that everyone congratulated her. They had a nice dinner for everyone present. Gemonville asked permission to add to it, and the rest of the day was spent joyfully. In the evening, before they separated, the mother left him alone with his fiancé for a moment. Gemonville used his time well. He displayed feelings so tender, so generous, so decent, that he touched the heart his good looks had already half-won. He moved Marie-Louise and communicated his delicacy to her...

The next day, he came early in the morning to invite the ladies to honor him with a visit. He had taken comfortable lodgings, which was very wise for a nobleman who wanted to marry a revolutionary. They accepted his invitation, and he promised to come in a cab to get them, along with two of their closest friends. There were thus five of them in the carriage, and Marie-Louise

les étoffes qu'il avait achetées pour la robe de noces, celle du lendemain, du surlendemain, et les déshabillés de la mise en ménage, les toiles, les mousselines, le bazin, les dentelles, les gazes, etc... . Elle était enchantée et ne faisait que rougir.

La mère Chantocé remarqua pourtant qu'elle n'avait pas suivi, et elle eut de l'inquiétude; elle vint doucement pour épier. Elle vit sa fille, enchantée d'éployer des étoffes, se récrier sur leur beauté, Gemonville lui répondre: "Oh! comme ça vous ira!" et lui dire combien il l'aimerait, comme il respecterait sa mère, enfin lui baiser la main.

La citoyenne Chantocé, qui avait à côté d'elle ses deux amies, entra aussitôt: "Fi donc, la main! mon cher enfant, je te connais, par ce que je viens d'entendre! Baise-la au visage; allons! et point de façons, Mam'selle!" L'amant obéit, et sa bouche pressa les lèvres après les deux joues. La citoyenne Chantocé frappa dans ses deux mains: "C'est bon! c'est bon! car c'est en ma présence." Le dîner fut délicieux. Les trois vieilles dames furent folles; Marie-Louise demeura modeste et réservée, et Gemonville respectueux. "Ils nous ont appris à vivre, ces deux jeunes barbes," disait la mère en s'en allant le soir.

Gemonville vit sa maîtresse tous les jours et l'épousa le dixième. Marié, ce fut encore mieux. Il forma le cœur et l'esprit de sa femme, qui avait d'excellentes dispositions. Leur bonheur enchanta toutes les connaissances de la citoyenne Chantocé, qui eut à sa disposition un grand jardin au faubourg Saint-Marcel, où elle avait la commission de faire préparer un bon dîner tous les dimanches pour toutes les personnes qu'elle voulait inviter; son gendre l'avait priée de ne pas craindre de le gêner, pour un peu plus, un peu moins de dépenses.

Ces dîners environnèrent Gemonville d'une force imposante qui le tranquillisa. Il fut président de sa Section; il rédigea des

sat on her fiancé's lap. When they arrived, mother Chantocé, along with the two friends, went through the whole house, exclaiming over the convenience, the quantity of things in it. During this time, Gemonville showed Marie-Louise the little apartment she would have when she was his wife: three rooms, a nice bedroom, a lovely retreat for reading and writing, and a dressing-room. He showed her the fabric he had bought for the wedding gown, and for the gowns she would wear on the next day, and the next, and the clothes for wearing about the house, the cottons, the muslins, the bazin, the laces, the gauzes, etc.... She was enchanted and did nothing but blush.

Mother Chantocé had meanwhile noticed that Marie-Louise had not followed them, and she was concerned; she came along quietly to spy on them. She saw her daughter, joyfully unfolding the fabrics, exclaiming over their beauty, and Gemonville replying: "Oh! How fine that will look on you!" and telling her how much he would love her, how he would respect her mother, and finally kissing her hand.

Citizen Chantocé, with her two friends at her side, immediately entered the room: "Fie, the hand! Oh, my dear child, I know you by what I've just heard! Kiss her on the face; go on! And don't hold back, Mam'selle! The lover obeyed, and pressed his lips to hers after he had pressed them to her two cheeks. Citizen Chantocé clapped her hands: "That's good! That's good! Because it's in my presence." The dinner was delicious. The three old ladies were very merry; Marie-Louise remained modest and reserved, and Gemonville respectful. "They've shown us how to live, those two youngsters," said the mother as she left that evening.

Gemonville saw his mistress every day and married her on the tenth day. Married, it was even better. He moulded his wife's heart and mind; she had outstanding aptitudes. Their happiness

adresses à la Convention; il les entendit applaudir, et son nom vola de bouche en bouche. Quand il s'agissait de dons patriotiques, il était toujours le premier. "Je dois mon bonheur à la Révolution," disait-il; "sans elle, j'aurais épousé mon égale, et jamais je ne me serais douté des vertus propres aux conditions ci-devant inférieures. Non, ce n'est que dans ces états médiocres qu'on trouve des cœurs de femme comme celui de la mienne, des caractères joyeux et réjouissants comme celui de sa mère! Mais je ne connaissais pas le genre de bonheur que ces deux femmes me procurent; il est trop éloigné des mœurs et de la tournure de la ci-devant haute noblesse."

delighted all the acquaintances of Citizen Chantocé, who had at her disposition a large garden in the faubourg Saint-Marcel, where she was to prepare a good dinner every Sunday for everyone she wanted to invite; her son-in-law had asked her not to worry about inconveniencing him by spending a little more or a little less. These dinners surrounded Gemonville with an imposing force that calmed his worries. He was made president of his Section; he drew up addresses to be given in the Revolutionary assembly; he heard them applauded, and his name was on everyone's lips. When it was a matter of patriotic gifts, he was always the first. "I owe my happiness to the Revolution," he said; "without it, I would have married my equal, and I would never have suspected the virtues proper to the formerly inferior classes. No, it is only in these middling classes that one finds hearts like my wife's, and merry and engaging natures like her mother's! But I did not know the kind of happiness these women have given me; it is too far removed from the customs and the mentality of the former high aristocracy."

Alphonse Daudet
La Menteuse

*J*e n'ai aimé qu'une femme dans ma vie, nous disait un jour le peintre D... . J'ai passé avec elle cinq ans de parfait bonheur, de joies tranquilles et fécondes. Je peux dire que je lui dois ma célébrité d'aujourd'hui, tellement à ses côtés le travail m'était facile, l'inspiration naturelle. Dès que je l'eus rencontrée, il me sembla qu'elle était mienne depuis toujours. Sa beauté, son caractère répondaient à tous mes rêves. Cette femme ne m'a jamais quitté; elle est morte chez moi, dans mes bras, en m'aimant... . Eh bien, quand je pense à elle, c'est avec colère. Si je cherche à me la représenter telle que je l'ai vue pendant cinq ans, dans tout le rayonnement de l'amour, avec sa grande taille pliante, sa pâleur dorée, ses traits de juive d'Orient, réguliers et fins dans la bouffissure légère du visage, son parler lent, velouté comme son regard, si je cherche à donner un corps à cette vision délicieuse, c'est pour mieux lui dire: "Je te hais .... "

Elle s'appelait Clotilde. Dans la maison amie où nous nous étions rencontrés, on la connaissait sous le nom de Mme Deloche, et on la disait veuve d'un capitaine au long cours. En effet, elle paraissait avoir beaucoup voyagé. En causant, il lui arrivait de dire tout à coup: 'Quand j'étais à Tampico... ' ou bien:'une fois dans la rade de Valparaiso... ' A part cela, rien dans son allure, dans son langage, ne sentait la vie nomade, rien ne trahissait le désordre,

Alphonse Daudet
The Liar

"*I*n my life, I have loved only one woman" the painter D… said to us one day. I spent five years with her in perfect happiness, in peaceful and fertile pleasures. Working with her at my side was so easy for me, and inspiration came so naturally to me, that I can say I owe her my present fame. As soon as I had met her, it seemed to me that she had been mine forever. Her beauty and her character corresponded to all my dreams. This woman never left me; she died in my house, in my arms, loving me… Well, when I think about her, it is with anger. If I try to imagine her the way I saw her for five years, in all the radiance of love, with her tall, lissome figure, her golden pallor, her eastern Jewess's features, regular and fine in the slight puffiness of her face, her slow speech, velvety like her eyes, if I try to give a body to this delicious vision, it is to say to her: 'I hate you!…

"Her name was Clotilde. In the friend's house where we had met, she was known under the name of Madame Deloche, and she was said to be the widow of a ship captain who made long voyages. In fact, she seemed to have traveled a great deal. While she was chatting, she sometimes suddenly said: 'When I was in Tampico… Or 'Once, in Valparaiso harbor… Apart from that, nothing in her manner or her language had a nomadic ring to it, nothing betrayed the disorder and haste of sudden departures and

la précipitation des prompts départs et des brusques arrivées. Elle était Parisienne, s'habillait avec un goût parfait, sans aucuns de ces burnous, de ces *sarapes* excentriques qui font reconnaître les femmes d'officiers et de marins perpétuellement en tenue de voyage.

Quand je sus que je l'aimais, ma première, ma seule idée fut de la demander en mariage. Quelqu'un lui parla pour moi. Elle répondit simplement qu'elle ne se remarierait jamais. J'évitai dès lors de la revoir; et comme ma pensée était trop atteinte, trop occupée pour me permettre le moindre travail, je résolus de voyager. Je faisais mes préparatifs de départ lorsque, un matin, dans mon appartement même, parmi l'encombrement des meubles ouverts et des malles éparses, je vis à ma grande stupeur entrer Mme Deloche.

"Pourquoi partez-vous?" me dit-elle doucement… . "Parce que vous m'aimez? Moi aussi, je vous aime… . Seulement (ici sa voix trembla un peu) seulement, je suis mariée." Et elle me raconta son histoire.

Tout un roman d'amour et d'abandon. Son mari buvait, la frappait. Ils s'étaient séparés au bout de trois ans. Sa famille, dont elle semblait très fière, occupait une haute situation à Paris, mais depuis son mariage on ne voulait plus la recevoir. Elle était nièce du grand-rabbin. Sa sœur, veuve d'un officier supérieur, avait épousé en secondes noces le garde général de la forêt de Saint-Germain. Quant à elle, ruinée par son mari, elle avait heureusement gardé d'une éducation première complète et très soignée des talents dont elle se faisait une ressource. Elle donnait des leçons de piano dans des maisons riches, Chaussée d'Antin, faubourg Saint-Honoré, et gagnait largement sa vie… .

L'histoire était touchante, mais un peu longue, pleine de ces jolies redites, de ces incidents interminables qui embroussaillent

abrupt arrivals. She was a Parisian, dressed with perfect taste, without any of the eccentric *burnous* or *sarapes* that characterize army officers' and sailors' wives, who are always in traveling clothes.

When I realized that I was in love with her, my only thought was to ask her hand in marriage. Someone spoke to her on my behalf. She replied simply that she would never remarry. From that point on I avoided seeing her; and since my mind was too much affected, too much preoccupied, to allow me to do any work at all, I decided to travel. I was preparing to depart when one morning, in my own apartment, amid the jumble of opened drawers and scattered trunks, I saw, to my great astonishment, Madame Deloche.

"Why are you leaving?" she asked me gently, "…because you love me? I love you, too… Only (here her voice trembled a little), only I'm married." And she told me her story.

A romantic tale of love and abandonment. Her husband drank, beat her. They had separated after three years. Her family, of whom she seemed very proud, enjoyed an elevated social position in Paris, but refused to receive her since her marriage. She was the niece of the head rabbi. Her sister, the widow of a high officer, had married the second time around the head forester at Saint-Germain. As for herself, although she had been financially ruined by her husband, she still had her talents, which her family had taken care to cultivate, and which she had turned to her advantage. She gave piano lessons in wealthy homes in the Chaussée d'Antin and the Faubourg Saint-Honoré, and earned a comfortable living in this way.

It was a touching story, if a little long, full of the charming repetitions and endless digressions that clutter women's talk. It took her several days to tell it to me. I had rented a little house

les discours féminins. Aussi mit-elle plusieurs jours à me la raconter. J'avais loué, avenue de l'Impératrice, entre des rues silencieuses et des pelouses tranquilles, une petite maison pour nous deux. J'aurais passé là un an à l'écouter, à la regarder, sans songer au travail. Ce fut elle la première qui me renvoya à mon atelier, et je ne pus pas l'empêcher de reprendre ses leçons. Cette dignité de sa vie, dont elle avait souci, me touchait beaucoup. J'admirais cette âme fière, tout en me sentant un peu humilié devant sa volonté formelle de ne rien devoir qu'à son travail. Toute la journée nous étions donc séparés, et réunis seulement le soir à la petite maison.

Avec quel bonheur je rentrais chez nous, si impatient lorsqu'elle tardait à venir et si joyeux quand je la trouvais là avant moi! De ses courses dans Paris elle me rapportait des bouquets, des fleurs rares. Souvent je la forçais d'accepter quelque cadeau, mais elle se disait en riant plus riche que moi, et le fait est que ses leçons devaient produire beaucoup, car elle s'habillait toujours avec une élégance chère, et le noir, dont elle se couvrait par une coquetterie de teint et de beauté, avait des mats de velours, des luisants de satin et de jais, des fouillis de dentelles soyeuses où l'œil étonné découvrait sous une simplicité apparente des mondes d'élégance féminine dans les mille reflets d'une couleur unique.

Du reste son métier n'avait rien de pénible, disait-elle. Toutes ses élèves, des filles de banquiers, d'agents de change, l'adoraient, la respectaient; et plus d'une fois elle me montra un bracelet, une bague qu'on lui donnait en reconnaissance de ses soins. En dehors du travail, nous ne nous quittions jamais; nous n'allions nulle part. Seulement, le dimanche elle partait pour Saint-Germain voir sa sœur, la femme du garde général, avec qui, depuis quelque temps, elle avait fait sa paix. Je l'accompagnais à la gare. Elle revenait le soir même, et souvent, dans les longs jours, nous nous donnions

for the two of us in the Avenue de l'Impératrice, among quiet streets and peaceful lawns. I could have listened to her there for a year, without giving a thought to my work. It was she who first sent me back to my studio, and I could not prevent her from starting to give piano lessons again. This dignified way of life, which she cared about, touched me very much. I admired her proud soul, even though I felt a little humiliated by her unyielding insistence on not owing anyone anything, and depending on her work alone. Thus we were separated all day long, and saw each other again only in the evening, in the little house.

With what happiness I came back to our home, how impatient I was when she was late returning, and how happy when I found she had arrived before me! She gave me bouquets of rare flowers bought as she went back and forth across the city. Often I forced her to accept some gift, but she laughed and said she was richer than I, and the fact is that her lessons must have been very remunerative, for she always dressed with expensive elegance, and her black garments, which she wore to set off her complexion and beauty, were soft with velvet and shining with satin and sequins, with a froth of silky lace in which my astonished eyes discovered, beneath apparent simplicity, worlds of feminine elegance in the infinite reflections of a single color.

Besides, she said, her work was not in the least difficult. All her pupils, the daughters of bankers and stockbrokers, adored her, respected her; and more than once she showed me a bracelet or ring she had been given by grateful employers. Except while she was working, we were constantly together; we didn't go anywhere. However, on Sundays she went to Saint-Germain to see her sister, the head forester's wife, with whom she had shortly before made her peace. I accompanied her to the train station. She returned the same night, and often, during the long days, we agreed to meet

rendez-vous à une station du parcours, au bord de l'eau ou dans les bois. Elle me racontait sa visite, la bonne mine des enfants, l'air heureux du ménage. Cela me navrait pour elle, privée à jamais d'une vraie famille, et je redoublais de tendresse, afin de lui faire oublier cette position fausse, qui devait éprouver cruellement une âme de sa valeur.

Quel temps heureux de travail et de confiance! Je ne soupçonnais rien. Tout ce qu'elle disait avait l'air si vrai, si naturel. Je ne lui reprochais qu'une chose. Quelque fois en me parlant des maisons où elle allait, des familles de ses élèves, il lui venait une abondance de détails supposés, d'intrigues imaginaires qu'elle inventait en dépit de tout. Si calme, elle voyait toujours le roman autour d'elle, et sa vie se passait en combinaisons dramatiques. Ces chimères troublaient mon bonheur. Moi qui aurais voulu m'éloigner du reste du monde pour vivre enfermé auprès d'elle, je la trouvais trop occupée de choses indifférentes. Mais je pouvais bien pardonner ce travers à une femme jeune et malheureuse, dont la vie avait été jusque-là un roman triste sans dénouement probable.

Une seule fois, j'eus un soupçon, ou plutôt un pressentiment. Un dimanche soir elle ne rentra pas coucher. J'étais au désespoir. Que faire? Aller à Saint-Germain? Je pouvais la compromettre. Pourtant, après une nuit affreuse, j'étais décidé à partir lorsqu'elle arriva toute pâle, toute troublée. Sa sœur était malade; elle avait du rester pour la soigner. Je crus ce qu'elle me disait, sans me méfier de ce flux de paroles débordant à la moindre question, noyant toujours l'idée principale sous une foule de détails inutiles, l'heure de l'arrivée, un employé très impoli, un retard du train. Deux ou trois fois dans la même semaine, elle retourna coucher à Saint-Germain; ensuite, la maladie finie, elle reprit sa vie régulière et tranquille.

at a station along the way, at the water's edge or in the forests. She told me about her visit, how good the children looked, how happy the marriage seemed. This made me feel sorry for her, who had been deprived of a real family forever, and I grew still more tender, to help her forget the awkward position in which she found herself, and which must have been cruelly trying for a soul of such worth.

What a happy time of work and confidence! I suspected nothing. Everything she said seemed so true, so natural. I reproached her only one thing. Sometimes when she was telling me about the houses where she gave her lessons, about the families of her pupils, she provided such an abundance of supposed details and imaginary plots that she ended up inventing things. So calm herself, she saw drama all around her, and spent her life imagining intrigues. These fantasies disturbed my happiness. I would have liked to withdraw from the rest of the world in order to live alone with her, and I found her too concerned about trivial matters. But I could pardon this weakness in a young and unhappy woman, whose life had been up until then a sad tale with no foreseeable denouement.

On one occasion, I had a suspicion, or rather a premonition. One Sunday night she did not come home to sleep. I was in despair. What should I do? Go to Saint-Germain? I might compromise her that way. However, after a dreadful night, I had decided to go anyway when she arrived, all pale and upset. Her sister was ill; she had been obliged to stay and take care of her. I believed what she told me, and was not made wary by the rush of words that overflowed the slightest question, always drowning the main idea in a flood of pointless details concerning when she had arrived, a very impolite employee, the train's delay. Two or three times that same week, she went back to spend the night in

Malheureusement, quelque temps après, ce fut son tour de tomber malade. Un jour, elle revint de ses leçons, tremblante, mouillée, fiévreuse. Une fluxion de poitrine se déclara, grave tout de suite, et bientôt—me dit le médecin—irrémédiable. J'eus une douleur folle, immense. Puis je ne songeai plus qu'à lui rendre ses dernières heures plus douces. Cette famille qu'elle aimait tant, dont elle était si glorieuse, je la ramènerais à ce lit de mourante. Sans lui rien dire, j'écrivis d'abord à sa sœur, à Saint-Germain, et moi-même je courus chez son oncle, le grand-rabbin. Je ne sais à quelle heure indue j'arrivai. Les grandes catastrophes bouleversent la vie jusqu'au fond, l'agitent dans ses moindres détails. … Je crois que le brave rabbin était en train de dîner. Il vint tout effaré, me reçut dans l'antichambre.

"Monsieur," lui dis-je, "il y a des moments où toutes les haines doivent se taire… ."

Sa figure respectable se tournait vers moi, très étonnée.

Je repris: "Votre nièce va mourir.

"Ma nièce! … Mais je n'ai pas de nièce; vous vous trompez."

"Oh! je vous en prie, monsieur, oubliez ces sottes rancunes de famille…. Je vous parle de Mme Deloche, la femme de capitaine… ."

"Je ne connais pas de Mme Deloche… . Vous confondez, mon enfant, je vous assure."

Et, doucement, il me poussait vers la porte, me prenant pour un mystificateur ou pour un fou. Je devais avoir l'air bien étrange, en effet. Ce que j'apprenais était si inattendu, si terrible… . Elle m'avait donc menti… . Pourquoi?… Tout à coup une idée me vint. Je me fis conduire à l'adresse d'une de ses élèves dont elle me parlait toujours, la fille d'un banquier très connu.

Je demande au domestique: "Mme Deloche?"

"Ce n'est pas ici."

Saint-Germain; afterward, the illness over, she returned to her regular, peaceful life.

Unfortunately, a short time later it was her turn to fall ill. One day she came back from her lessons, shivering, wet, feverish. A respiratory infection set in, immediately became serious, and soon—the doctor informed me—was terminal. A terrible, immense pain shook me. Then my only concern was to make her last hours more pleasant. The family members she loved so much, of which she was so proud—I would bring them to a dying woman's bedside. Without saying anything to her about it, I wrote first to her sister, in Saint-Germain, and then hurried off to see her uncle, the head rabbi. I arrived at some ungodly hour. Great catastrophes turn life upside down, upset it in its smallest details.

I think the good rabbi was in the middle of dinner. He came out all in flutter, and received me in the antechamber.

"Sir," I said to him, "there are times when all animosity must fall silent…"

He turned his venerable face toward me, astonished.

I continued: "Your niece is dying."

"My niece!… I don't have a niece; you are mistaken."

"Sir, please! Forget these silly family resentments… I am talking about Madame Deloche, the captain's wife…"

"I don't know any Madame Deloche… You've mistaken me for someone else, my son, I assure you."

And slowly, he pushed me toward the door, taking me for a charlatan or a madman. I must have seemed very strange, in fact. What I was learning was so unexpected, so dreadful… She had lied to me, then… why? All of a sudden an idea came to me. I took a cab to the address of one of her pupils she always talked to me about, the daughter of a very well known banker.

"Oui, je sais bien.... C'est une dame qui donne des leçons de piano à vos demoiselles."

"Nous n'avons pas de demoiselles chez nous, pas même de piano.... Je ne sais pas ce que vous voulez dire."

Et il me ferma la porte au nez avec humeur.

Je n'allai pas plus loin dans mes recherches. J'étais sûr de trouver partout la même réponse et le même désappointement. En rentrant à notre pauvre petite maison, on me remit une lettre timbrée de Saint-Germain. Je l'ouvris, sachant d'avance ce qu'elle renfermait. Le garde général lui non plus ne connaissait pas Mme Deloche. Il n'avait d'ailleurs ni femme ni enfant.

Ce fut le dernier coup. Ainsi pendant cinq ans chacune de ses paroles avait été un mensonge.... Mille idées de jalousie me saisirent à la fois; et follement, sans savoir ce que je faisais, j'entrai dans la chambre où elle était en train de mourir. Toutes les questions qui me tourmentaient tombèrent ensemble sur ce lit de douleur: "Qu'alliez-vous faire à Saint-Germain le dimanche? ... Chez qui passiez-vous vos journées?... Où avez-vous couché cette nuit-là! ... Allons, répondez-moi." Et je me penchais sur elle, cherchant tout au fond de ses yeux encore fiers et beaux les réponses que j'attendais avec angoisse; mais elle resta muette, impassible.

Je repris en tremblant de rage: "Vous ne donniez pas de leçons. J'ai été partout. Personne ne vous connaît.... Alors, d'où venaient cet argent, ces dentelles, ces bijoux?" Elle me jeta un regard d'une tristesse horrible, et ce fut tout.... Vraiment, j'aurais dû l'épargner, la laisser mourir en repos.... Mais je l'avais trop aimée. La jalousie était plus forte que la pitié. Je continuai: "Tu m'as trompé pendant cinq ans. Tu m'as menti tous les jours, à toutes les heures.... Tu connaissais toute ma vie, et moi je ne savais rien de la tienne. Rien, pas même ton nom. Car il n'est pas à toi, n'est-ce pas? ce nom que

I asked the servant: "Madame Deloche?"

"No one by that name here."

"Yes, I know… She's a lady who gives piano lessons to your young ladies."

"We don't have any young ladies in this house, not even a piano… I don't know what you mean."

And he slammed the door in my face.

I pursued my investigation no further. I was certain that I would find the same response and the same disappointment everywhere. As I was returning to our poor little house, I was given a stamped letter from Saint-Germain. I opened it, knowing in advance what it contained. The head forester did not know Madame Deloche either. Moreover, he had neither wife nor children.

That was the last straw. So for five years everything she had said to me had been a lie… Countless jealous thoughts gripped me all at once; and madly, without knowing what I was doing, I burst into the room where she lay dying. All the questions tormenting me tumbled out on that bed of pain: "What did you go to do in Saint-Germain on Sundays?… At whose house were you spending your days?… Where did you sleep that night?… Come on, answer me." And I bent over her, searching the depths of her still proud and beautiful eyes for the answers I awaited with such anguish, but she remained silent, impassive.

I went on, trembling with rage: "You were not giving lessons. I've been all over. No one knows you… So where did that money, that lace, those jewels come from?" She looked at me with horrible sadness, and that was all… Truly, I should have spared her, let her die in peace… But I had loved her too much. Jealousy won out over pity. I continued: "You deceived me for five years. You lied to me every day, at every moment… You knew my whole life, and I knew nothing of yours. Nothing, not even your name. For that

tu portais…. Oh! la menteuse, la menteuse! Dire qu'elle va mourir, et que je ne sais de quel nom l'appeler….Voyons, qui es-tu? D'où viens-tu? Qu'est-ce que tu es venue faire dans ma vie? … Mais parle-moi donc! Dis-moi quelque chose."

Efforts perdus! Au lieu de me répondre, elle tournait péniblement la tête vers la muraille, comme si elle avait craint que son dernier regard me livrât son secret… Et c'est ainsi qu'elle est morte, la malheureuse! Morte en se dérobant, menteuse jusqu'au bout.

isn't your name, is it? That name you bore... Oh! The liar! To think that she is going to die, and I don't know by what name to call her... Come now, who are you? Where do you come from? Why did you come into my life? Speak to me! Say something."

Wasted efforts! Instead of anwering me, she painfully turned her head to the wall, as if she feared her last look might reveal her secret to me... And that is how she died, the wretch! She died elusive, a liar to the very end.

Villiers de l'Isle-Adam
Virginie et Paul

A Mademoiselle Augusta Holmes.

Per amica silentia lunæ.
—Virgil

C'est la grille des vieux jardins du pensionnat. Dix heures sonnent dans le lointain. Il fait une nuit d'avril, claire, bleue et profonde. Les étoiles semblent d'argent. Les vagues du vent, faibles, ont passé sur les jeunes roses; les feuillages bruissent, le jet d'eau retombe neigeux, au bout de cette grande allée d'acacias. Au milieu du grand silence, un rossignol âme de la nuit, fait scintiller une pluie de notes magiques.

Alors que les seize ans vous enveloppaient de leur ciel d'illusions, avez-vous aimé une toute jeune fille? Vous souvenez-vous de ce gant oublié sur une chaise, dans la tonnelle? Avez-vous éprouvé le trouble d'une présence inespérée, subite? Avez-vous senti vos joues brûler, lorsque, pendant les vacances, les parents souriaient de votre timidité l'un près de l'autre? Avez-vous connu le doux infini de deux yeux purs qui vous regardaient avec une tendresse pensive? Avez-vous touché, de vos lèvres, les lèvres d'une enfant tremblante et brusquement pâlie, dont le sein battait

Villiers de l'Isle-Adam
Virginie and Paul

To Mademoiselle Augusta Holmes.

> *Per amica silentia lunæ.*
> —Virgil

*T*here is the iron grille of the boarding-school's old gardens. Ten o'clock is being rung in the distance. It's an April night, clear, blue, and deep. The stars seem made of silver. Soft gusts of wind have passed over the young roses; the foliage rustles, the water in the fountain falls like snow, at the end of this long lane of acacias. In the midst of the great silence, a nightingale, the soul of the night, makes a rain of magical notes sparkle.

When sixteen years of age enveloped you in its heaven of illusions, did you love a very young girl? Do you remember that glove forgotten on a chair, in the arbor? Were you strangely moved by her unanticipated, unhoped for presence? Have you felt your cheeks burn, when, during vacation, your parents smiled at your shyness when near each other? Have you known the sweet infinity of two pure eyes gazing at you with pensive tenderness? Have you touched, with your lips, the lips of a child who trembles and grows suddenly pale, whose breast beats against your heart suffocating

contre votre cœur oppressé de joie? Les avez-vous gardées, au fond du reliquaire, les fleurs bleues cueillies le soir, près de la rivière, en revenant ensemble ?

Caché, depuis les années séparatrices, au plus profond de votre cœur, un tel souvenir est comme une goutte d'essence de l'Orient enfermée en un flacon précieux. Cette goutte de baume est si fine et si puissante que, si l'on jette le flacon dans votre tombeau, son parfum, vaguement immortel, durera plus que votre poussière.

Oh! s'il est une chose douce, par un soir de solitude, c'est de respirer, encore une fois, l'adieu de ce souvenir enchanté!

Voici l'heure de l'isolement: les bruits du travail se sont tus dans le faubourg; mes pas m'ont conduit jusqu'ici, au hasard. Cette bâtisse fut, autrefois, une vieille abbaye. Un rayon de lune fait voir l'escalier de pierre, derrière la grille, et illumine à demi les vieux saints sculptés qui ont fait des miracles et qui, sans doute, ont frappé contre ces dalles leurs humbles fronts éclairés par la prière. Ici les pas des chevaliers de Bretagne ont résonné autrefois, alors que l'Anglais tenait encore nos cités angevines. À présent, des jalousies vertes et gaies rajeunissent les sombres pierres des croisées et des murs. L'abbaye est devenue une pension de jeunes filles. Le jour, elles doivent y gazouiller comme des oiseaux dans les ruines. Parmi celles qui sont endormies, il est plus d'une enfant qui, aux premières vacances de Pâques, éveillera dans le cœur d'un jeune adolescent la grande impression sacrée et peut-être que déjà … Chut! on a parlé! Une voix très douce vient d'appeler (tout bas): "Paul !… Paul!" Une robe de mousseline blanche, une ceinture bleue ont flotté, un instant, près de ce pilier. Une jeune fille semble parfois une apparition. Celle-ci est descendue maintenant. C'est l'une d'entre elles; je vois la pèlerine du pensionnat et la croix d'argent du cou. Je vois son visage. La nuit se fond avec ses traits baignés de poésie! O cheveux si blonds d'une jeunesse mêlée

with joy? Did you keep, at the bottom of the reliquary, the blue flowers gathered in the evening, near the river, as you were returning together?

Hidden, during all the intervening years, in the depths of your heart, such a memory is like a drop of Oriental attar closed up in a precious flagon. This drop of balm is so fine and so powerful that if this flagon is cast into your grave, its perfume will last longer than your dust.

Oh! If there is anything truly sweet, on a lonely evening, it is to breathe in, once again, the farewell of this enchanted memory!

Now comes the time of solitude: the sounds of the working day have died away in the suburb; my stroll has led me here, by chance. This building was once an old abbey. A shaft of moonlight shows the stone stairway, behind the grille, and half-illuminates the old sculpted saints who performed miracles and who, no doubt, struck these tiles with their humble foreheads enlightened by prayer. On them the boots of the knights of Brittany once resounded, when the English still held our cities in Anjou. —Now green, gay slatted blinds make the dark stones of the arches and walls seem younger. The abbey has become a girls' boarding-school. During the day, the girls must warble in there like birds among ruins. Among the girls that are asleep, there is more than one who, at Easter vacation, will awaken in the heart of an adolescent boy the great, sacred impression, and perhaps already... Hush! Someone spoke! A very sweet voice has just called out (very softly): "Paul!... Paul!" A dress of white muslin, a blue sash fluttered for an instant near this pillar. A young girl sometimes seems to be an apparition. This one has now come down. It is one of the schoolgirls; I see her cape and the silver cross at her throat. I see her face. The night melts into her features bathed in poetry! O hair so blond with a youth still

d'enfance encore! O bleu regard dont l'azur est si pâle qu'il semble encore tenir de l'éther primitif!

Mais quel est ce tout jeune homme qui se glisse entre les arbres? Il se hâte; il touche le pilier de la grille.

"Virginie! Virginie! c'est moi."

"Oh! plus bas! me voici, Paul!"

Ils ont quinze ans tous les deux!

C'est un premier rendez-vous! C'est une page de l'idylle éternelle! Comme ils doivent trembler de joie l'un et l'autre ! Salut, innocence divine ! souvenir ! fleurs ravivées!

"Paul, mon cher cousin!"

"Donnez-moi votre main à travers la grille, Virginie. Oh! mais est-elle jolie, au moins! Tenez, c'est un bouquet que j'ai cueilli dans le jardin de papa. Il ne coûte pas d'argent, mais c'est de cœur."

"Merci, Paul. Mais comme il est essoufflé! Comme il a couru!"

"Ah! c'est que papa a fait une affaire, aujourd'hui, une affaire très belle ! Il a acheté un petit bois à moitié prix. Des gens étaient obligés de vendre vite; une bonne occasion. Alors, comme il était content de la journée, je suis resté avec lui pour qu'il me donnât un peu d'argent; et puis je me suis pressé pour arriver à l'heure."

"Nous serons mariés dans trois ans, si vous passez bien vos examens, Paul!"

"Oui, je serai un avocat. Quand on est un avocat, on attend quelques mois pour être connu. Et puis, on gagne, aussi, un peu d'argent."

"Souvent beaucoup d'argent!"

"Oui. Est-ce que vous êtes heureuse au pensionnat, ma cousine?"

"Oh! oui, Paul. Surtout depuis que madame Pannier a pris de l'extension. D'abord, on n'était pas si bien; mais, maintenant, il y a ici des jeunes filles des châteaux. Je suis l'amie de toutes ces

mixed with childhood! O blue eyes whose azure is so pale that it seems still to bear a trace of the primitive ether!

But who is this young man slipping along between the trees? He hurries; he touches the pillar of the grille.

"Virginie! Virginie! It's me."

"Oh! More softly! Here I am, Paul."

They are both fifteen years old!

This is a first rendez-vous. It's a page from the eternal idyll! How they must be trembling with joy, both of them! Hail, divine innocence! Memory! Flowers brought back to life!

"Paul, my dear cousin!"

"Give me your hand through the grille, Virginie. Oh! But isn't it pretty, though! Here, this is a bouquet I picked in papa's garden. It didn't cost any money, but it comes from the heart."

"Thank you, Paul. But how out of breath he is! How he has run!"

"Ah! That's because papa made a deal today, a great deal! He bought a little forest at half price. The people had to sell quickly; a good opportunity. So since he was happy with his day, I stayed with him so he would give me a little money; and then I hurried to get here on time."

"We'll be married in three years, if you pass your exams, Paul!"

"Yes, I will be an attorney. When you're an attorney, you wait a few months until you are known. And then, you also earn a little money."

"Often a lot of money!"

"Yes. Are you happy at your school, cousin?"

"Oh! Yes, Paul. Especially since Madame Pannier has expanded. At first, it wasn't so good, but now there are girls from castles here. I am friends with all of them. Oh! They have such beautiful things.

demoiselles. Oh! elles ont de bien jolies choses. Et alors, depuis leur arrivée, nous sommes bien mieux, bien mieux parce que madame Pannier peut dépenser un peu plus d'argent."

"C'est égal, ces vieux murs … Ce n'est pas très gai d'être ici."

"Si! on s'habitue à ne pas les regarder. Mais, voyons, Paul, avez-vous été voir notre bonne tante? Ce sera sa fête dans six jours; il faudra lui écrire un compliment. Elle est si bonne!"

"Je ne l'aime pas beaucoup, moi, ma tante! Elle m'a donné, l'autre fois, de vieux bonbons du dessert, au lieu, enfin, d'un vrai cadeau: soit une jolie bourse, soit des petites pièces pour mettre dans ma tirelire."

"Paul, Paul, ce n'est pas bien. Il faut être toujours bien aimant avec elle et la ménager. Elle est vieille et elle nous laissera, aussi, un peu d'argent… "

"C'est vrai. Oh ! Virginie, entends-tu ce rossignol?"

"Paul, prenez bien garde de me tutoyer quand nous ne serons pas seuls."

"Ma cousine, puisque nous devons nous marier! D'ailleurs, je ferai attention. Mais comme c'est joli, le rossignol ! Quelle voix pure et argentine!"

"Oui, c'est joli, mais ça empêche de dormir. Il fait très doux, ce soir: la lune est argentée, c'est beau."

"Je savais bien que vous aimiez la poésie, ma cousine."

"Oh! oui! la poésie!… j'étudie le piano."

"Au collège, j'ai appris toutes sortes de beaux vers pour vous les dire, ma cousine: je sais presque tout Boileau par cœur. Si vous voulez, nous irons souvent à la campagne quand nous serons mariés, dites?"

"Certainement, Paul! D'ailleurs, maman me donnera, en dot, sa petite maison de campagne où il y a une ferme: nous irons là,

And then, since their arrival we are much better off, much better, because Madame Pannier can spend a little more money."

"But these old walls... It can't be much fun to be here."

"Yes, it can! You get used to not looking at them. But now Paul, have you been to see our good aunt? Her birthday is six days away; you'll have to send her your compliments. She is so kind!"

"Myself, I don't care for her much, my aunt. The last time she gave me some old dessert candies rather than, well, a real present: either a nice purse, or some nice coins to put in my piggy-bank."

"Paul, Paul, that's not right. You must be always very loving with her and keep on her good side. She is old and she will leave us, someday, a little money..."

"That's true. Oh! Virginie, do you hear that nightingale?"

"Paul, be careful not to say "tu" to me when were not alone."

"Cousin, we're going to be married! But I'll be careful. How lovely it is, this nightingale! What a pure, silvery voice!"

"Yes, it's lovely, but it keeps me from sleeping. It's very warm this evening; the moon is silver, it's beautiful."

"I knew you liked poetry, cousin."

"Oh yes! Poetry!... I am taking piano lessons."

"In school, I learned all kinds of beautiful verses in order to say them to you, cousin: I know almost all of Boileau by heart. If you like, we will often go to the country after we are married, all right?"

"Of course, Paul! Moreover, mama will give me as a dowry her little country house where there is a farm: we'll go there, often, to spend the summer. And we will enlarge it a bit, if possible. The farm also brings in a little money."

"Ah! So much the better. And then you can live in the country for much less than in town. My parents told me that. I like

souvent, passer l'été. Et nous agrandirons cela un peu, si c'est possible. La ferme rapporte aussi un peu d'argent."

"Ah! tant mieux. Et puis l'on peut vivre à la campagne pour beaucoup moins d'argent qu'à la ville. C'est mes parents qui m'ont dit cela. J'aime la chasse et je tuerai, aussi, beaucoup de gibier. Avec la chasse, on économise aussi un peu d'argent!"

"Puis, c'est la campagne, mon Paul! Et j'aime tant tout ce qui est poétique!"

"J'entends du bruit là-haut, hein?"

"Chut! il faut que je remonte: madame Pannier pourrait s'éveiller. Au revoir, Paul."

"Virginie, vous serez chez ma tante dans six jours? … au dîner? … J'ai peur, aussi, que papa ne s'aperçoive que je me suis échappé, il ne me donnerait plus d'argent.

"Votre main, vite."

Pendant que j'écoutais, ravi, le bruit céleste d'un baiser, les deux anges se sont enfuis; l'écho attardé des ruines vaguement répétait: "…De l'argent ! Un peu d'argent!"

O jeunesse, printemps de la vie! Soyez bénis, enfants, dans votre extase! vous dont l'âme est simple comme la fleur, vous dont les paroles, évoquant d'autres souvenirs à peu près pareils à ce premier rendez-vous, font verser de douces larmes à un passant!

hunting, and I'll also shoot lots of game. By hunting, you can also save a little money!"

"And then, it's the country, Paul! And I love everything poetic!"

"I hear a noise up there, don't you?"

"Hush! I have to go back up: Madame Pannier might wake up. Goodbye, Paul."

"Virginie, will you be at my aunt's house six days from now? At the dinner? I'm also afraid that papa might notice that I slipped out; he wouldn't give me any more money."

"Give me your hand, quick."

As I was listening, delighted, to the heavenly sound of a kiss, the two angels fled; the echo lingering in the ruins repeated indistinctly: "Money! A little money!"

O youth, springtime of life! May you be blessed, my children, in your ecstasy! You whose souls are as simple as a flower, whose words, evoking other memories *almost* similar to this first rendez-vous, make a passerby shed sweet tears!

Guy de Maupassant
Le Bonheur

C′était l'heure du thé avant l'entrée des lampes. La villa dominait
la mer; le soleil disparu avait laissé le ciel tout rose de son passage,
frotté de poudre d'or; et la Méditerranée, sans une ride sans un
frisson, lisse, luisante encore sous le jour mourant, semblait une
plaque de métal polie et démesurée.

Au loin, sur la droite, les montagnes dentelées dessinaient leur
profil noir sur la pourpre pâlie du couchant.

On parlait de l'amour, on discutait ce vieux sujet, on redisait
des choses qu'on avait dites déjà bien souvent. La mélancolie douce
du crépuscule ralentissait les paroles, faisait flotter un
attendrissement dans les âmes, et ce mot: "amour," qui revenait
sans cesse, tantôt prononcé par une forte voix d'homme, tantôt
dit par une voix de femme au timbre léger, paraissait emplir le
petit salon, y voltiger comme un oiseau, y planer comme un esprit.

Peut-on aimer plusieurs années de suite?

"Oui," prétendaient les uns.

"Non," affirmaient les autres.

On distinguait les cas, on établissait des démarcations, on citait
des exemples; et tous, hommes et femmes, pleins de souvenirs
surgissants et troublants, qu'ils ne pouvaient citer et qui leur
montaient aux lèvres, semblaient émus, parlaient de cette chose

Guy de Maupassant
Happiness

*I*t was tea time, before the lamps were lit. The villa looked out over the sea; the sun had gone down, leaving the sky all pink from its passage, dabbed with gold dust; and the Mediterranean, without a wrinkle, without a shiver, smooth, still shining under the dying light, seemed an enormous sheet of polished metal.

In the distance, on the right, the mountain peaks stood out in profile against the faded purple of the sunset.

They were talking about love; they were discussing that ancient subject; they were saying things they had already said, very often. The sweet melancholy of dusk slowed their words, made a certain tenderness float about in their souls, and the word "love," which constantly recurred, sometimes uttered by a strong man's voice, sometimes by a light-timbred woman's voice, seemed to fill the little parlor, flitting like a bird, soaring like a spirit.

Can one love for years at a time?

"Yes," some claimed.

"No," others asserted.

They drew distinctions, they established boundaries, they cited examples; and everyone, men and women alike, full of memories that surged up and disturbed them, which they could not mention and which rose to their lips, seemed moved, spoke about that banal

banale et souveraine, l'accord tendre et mystérieux de deux êtres, avec une émotion profonde et un intérêt ardent.

Mais tout à coup quelqu'un, ayant les yeux fixés au loin, s'écria: "Oh! voyez, là-bas, qu'est-ce que c'est?"

Sur la mer au fond de l'horizon, surgissait une masse grise, énorme et confuse.

Les femmes s'étaient levées et regardaient sans comprendre cette chose surprenante qu'elles n'avaient jamais vue.

Quelqu'un dit:

"C'est la Corse! On l'aperçoit ainsi deux ou trois fois par an dans certaines conditions d'atmosphère exceptionnelles, quand l'air d'une limpidité parfaite ne la cache plus par ces brumes de vapeur d'eau qui voilent toujours les lointains."

On distinguait vaguement les crêtes, on crut reconnaître la neige des sommets. Et tout le monde restait surpris, troublé, presque effrayé par cette brusque apparition d'un monde, par ce fantôme sorti de la mer. Peut-être eurent-ils de ces visions étranges, ceux qui partirent, comme Colomb, à travers les océans inexplorés.

Alors un vieux monsieur, qui n'avait pas encore parlé, prononça:

"Tenez, j'ai connu dans cette île, qui se dresse devant nous, comme pour répondre elle-même à ce que nous disions et me rappeler un singulier souvenir, j'ai connu un exemple admirable d'un amour constant, d'un amour invraisemblablement heureux. Le voici.

Je fis, voilà cinq ans, un voyage en Corse. Cette île sauvage est plus inconnue et plus loin de nous que l'Amérique, bien qu'on la voie quelquefois des côtes de France, comme aujourd'hui.

Figurez-vous un monde encore en chaos, une tempête de montagnes que séparent des ravins étroits où roulent des torrents; pas une plaine, mais d'immenses vagues de granite et de géantes ondulations de terre couvertes de maquis ou de hautes forêts de

and sovereign thing, the tender and mysterious harmony of two beings, with deep emotion and ardent interest.

But all at once someone, with his eyes fixed on the far distance, cried: "Oh! Look at that, over there, what is it?"

On the sea, at the very horizon, a gray mass rose up, huge and indistinct.

The women had stood, and were looking with incomprehension at this surprising thing they had never seen before.

Someone said: "It's Corsica! You can see it like that once or twice a year under certain exceptional atmospheric conditions, when the air is perfectly limpid and no longer hides it behind the clouds of water vapor that always veil the far horizon."

The mountain ridges were vaguely discernible, and they thought they could see snow on the peaks. And everyone was surprised, disturbed, almost frightened by this brusque apparition of a world, by this phantom arisen from the sea. Perhaps those who, like Columbus, set out across unexplored oceans had such strange visions.

Then an old gentleman, who had not yet spoken, declared: "Well, I came across on that island, which has risen up before us as if to reply itself to what we were saying and to remind me of an extraordinary memory, I came across an admirable example of constant love, of an implausibly happy love. Here it is:

About five years ago, I took a trip to Corsica. This wild island is more unknown and farther from us than America, though we sometimes see it from French shores, as we do today.

Imagine a world still in chaos, a storm of mountains separated by narrow ravines with gushing torrents; not a plain, but immense waves of granite and giant undulations of earth covered with impenetrable thickets or tall forests of oak and pine. The earth is

châtaigniers et de pins. C'est un sol vierge, inculte, désert, bien que parfois on aperçoive un village, pareil à un tas de rochers au sommet d'un mont. Point de culture, aucune industrie, aucun art. On ne rencontre jamais un morceau de bois travaillé, un bout de pierre sculptée, jamais le souvenir du goût enfantin ou raffiné des ancêtres pour les choses gracieuses et belles. C'est là même ce qui frappe le plus en ce superbe et dur pays: l'indifférence héréditaire pour cette recherche des formes séduisantes qu'on appelle l'art.

L'Italie, où chaque palais, plein de chefs-d'œuvre, est un chef-d'œuvre lui-même, où le marbre, le bois, le bronze, le fer, les métaux et les pierres attestent le génie de l'homme, où les plus petits objets anciens qui traînent dans les vieilles maisons révèlent ce divin souci de la grâce, est pour nous tous la patrie sacrée que l'on aime parce qu'elle nous montre et nous prouve l'effort, la grandeur, la puissance et le triomphe de l'intelligence créatrice.

Et, en face d'elle, la Corse sauvage est restée telle qu'en ses premiers jours. L'être y vit dans sa maison grossière, indifférent à tout ce qui ne touche point son existence même ou ses querelles de famille. Et il est resté avec les défauts et les qualités des races incultes, violent, haineux, sanguinaire avec inconscience, mais aussi hospitalier, généreux, dévoué, naœf, ouvrant sa porte aux passants et donnant son amitié fidèle pour la moindre marque de sympathie.

Donc depuis un mois, j'errais à travers cette île magnifique, avec la sensation que j'étais au bout du monde. Point d'auberges, point de cabarets, point de routes. On gagne, par des sentiers à mulets, ces hameaux accrochés au flanc des montagnes, qui dominent des abîmes tortueux d'où l'on entend monter, le soir, le bruit continu, la voix sourde et profonde du torrent. On frappe aux portes des maisons. On demande un abri pour la nuit et de quoi vivre jusqu'au lendemain. Et on s'assoit à l'humble table, et

virgin, unplowed, deserted, although sometimes you glimpse a village, like a pile of rocks at the summit of a mountain. No farming, no industry, no art. You never see a piece of carved wood, a bit of sculpted stone, never a memory of the ancestors' childish or refined taste for gracious and beautiful things. That is precisely what is most striking about this superb, hard country: the hereditary indifference to the search for pleasing forms that we call art.

Italy, where every palace is full of masterpieces and is itself a masterpiece, where marble, bronze, iron, both metals and stone attest to man's genius, where the smallest ancient objects lying about in old houses reveal this divine concern with gracefulness, is for all of us the sacred homeland we love because it shows us and proves to us the effort, grandeur, power and triumph of creative intelligence.

And, across from Italy, the wild island of Corsica has remained just as it was in earliest times. Human beings live there in crude houses, indifferent to everything that does not affect their own existence or their family quarrels. And it has retained the defects and the virtues of uncultivated races—violent, full of hatred, thoughtlessly bloodthirsty, but also hospitable, generous, devoted, naive, ready to open its doors to travelers and to grant faithful friendship in return for the slightest sign of kindness.

And so for a month I had been wandering across this magnificent island, with the feeling that I was at the end of the world. No inns, no cabarets, no roads. Mule trails lead to hamlets clinging to the mountainsides, which look out over tortuous abysses from which you hear rising, in the evenings, the dull, deep sound of the torrent below. You knock at the doors of the houses. You request shelter for the night and enough food to live until the next day. And you sit down at the humble table and sleep beneath

on dort sous l'humble toit; et on serre, au matin, la main tendue de l'hôte qui vous a conduit jusqu'aux limites du village.

Or, un soir, après dix heures de marche, j'atteignis une petite demeure toute seule au fond d'un étroit vallon qui allait se jeter à la mer une lieue plus loin. Les deux pentes rapides de la montagne, couvertes de maquis, de rocs éboulés et de grands arbres, enfermaient comme deux sombres murailles ce ravin lamentablement triste.

Autour de la chaumière, quelques vignes, un petit jardin, et plus loin, quelques grands châtaigniers, de quoi vivre enfin, une fortune pour ce pays pauvre.

La femme qui me reçut était vieille, sévère et propre, par exception. L'homme, assis sur une chaise de paille, se leva pour me saluer, puis se rassit sans dire un mot. Sa compagne me dit:

"Excusez-le; il est sourd maintenant. Il a quatre-vingt-deux ans."

Elle parlait le français de la France. Je fus surpris.

Je lui demandai:

"Vous n'êtes pas de Corse?"

Elle répondit:

"Non; nous somme des continentaux. Mais voilà cinquante ans que nous habitons ici."

Une sensation d'angoisse et de peur me saisit à la pensée de ces cinquante années écoulées dans ce trou sombre, si loin des villes où vivaient les hommes. Un vieux berger rentra, et l'on se mit à manger le seul plat du dîner, une soupe épaisse où avaient cuit ensemble des pommes de terre, du lard et des choux.

Lorsque le court repas fut fini, j'allai m'asseoir devant la porte, le coeur serré par la mélancolie du morne paysage, étreint par cette détresse qui prend parfois les voyageurs en certains soirs tristes, en certains lieux désolés. Il semble que tout soit près de finir,

the humble roof; and in the morning, you shake the hand of your host, who has accompanied you to the edge of the village.

Now one night, after having walked for ten hours, I reached a little dwelling all by itself at the bottom of a narrow valley that opened out onto the sea about a league farther on. The steep sides of the mountain, covered with brush, fallen rocks, and tall trees, enclosed this lamentably dreary ravine like two dark walls.

Around the cottage, there were a few grape vines, a small garden, and beyond them, a couple of large oaks—enough to live on, in short, and a fortune in this poor country.

The woman who received me was old, grave, and proper; she was an exception to the rule. The man, seated on a straw-bottomed chair, rose to greet me, then sat down again without saying a word. His companion said to me: "Please excuse him; he is deaf now. He is eighty-two years old."

She spoke French as people in France do. I was surprised.

I asked her: "You aren't Corsican, then?"

She replied: "No; we are from the continent. But we have been living here for fifty years."

A feeling of anguish and fear gripped me at the thought of those fifty years spent in this dark hole, so far from cities where people live. An old shepherd came in, and we began to eat the only thing for dinner, a thick soup made of potatoes, lard, and cabbage cooked together.

When the short meal was over, I went to sit before the cottage door, my heart wrung by the melancholy of the landscape, seized by the sadness that sometimes comes over travelers on certain dismal evenings, in certain desolate places. Everything, existence and universe, seems about to come to an end. Suddenly you perceive the dreadful misery of life, everyone's isolation, the

l'existence et l'univers. On perçoit brusquement l'affreuse misère de la vie, l'isolement de tous, le néant de tout, et la noire solitude du coeur qui se berce et se trompe lui-même par des rêves jusqu'à la mort.

La vieille femme me rejoignit et, torturée par cette curiosité qui vit toujours au fond des âmes les plus résignées:

"Alors vous venez de France?" dit-elle.

"Oui, je voyage pour mon plaisir."

"Vous êtes de Paris, peut-être?"

"Non, je suis de Nancy."

Il me sembla qu'une émotion extraordinaire l'agitait. Comment ai-je vu ou plutôt senti cela, je n'en sais rien.

Elle répéta d'une voix lente:

"Vous êtes de Nancy?"

L'homme parut dans la porte, impassible comme sont les sourds.

Elle reprit:

"Ça ne fait rien. Il n'entend pas."

Puis, au bout de quelques secondes:

"Alors, vous connaissez du monde à Nancy?

"Mais oui, presque tout le monde."

"La famille de Saint-Allaize?"

"Oui, très bien; c'étaient des amis de mon père."

"Comment vous appelez-vous?"

Je dis mon nom. Elle me regarda fixement, puis prononça, de cette vois basse qu'éveillent les souvenirs:

"Oui, oui, je me rappelle bien. Et les Brisemare, qu'est-ce qu'ils sont devenus?"

"Tous sont morts."

"Ah! Et les Sirmont, vous les connaissiez?"

"Oui, le dernier est général."

Alors elle dit, frémissante d'émotion, d'angoisse, de je ne sais

general meaninglessness, and the dark solitude of the heart that coddles and deceives itself with dreams until death comes.

The old woman came to join me, and, tortured by the curiosity that always remains in the depths of even the most resigned minds, said: "So you come from France?"

"Yes; I am traveling for pleasure."

"Do you come from Paris, perhaps?"

"No, I am from Nancy."

It seemed to me that she was extraordinarily moved. How I saw or rather felt that, I couldn't say. She repeated, slowly: "You're from Nancy?"

The man appeared at the door, impassive, as deaf men are.

She continued: "Don't worry. He doesn't hear."

Then, a few seconds later: "So, do you know people in Nancy?"

"Of course, nearly everyone."

"The Saint-Allaize family?"

"Yes, very well; they were friends of my father."

"What is your name?"

I told her my name. She looked at me fixedly, then replied, in the deep voice that memories awaken: "Yes, yes, I remember very well. And the Brisemares, what has happened to them?"

"They are all dead."

"Ah! And the Sirmonts—do you know them?"

"Yes; the last one is a general."

Then she said, shivering with anguished emotion, with some confused, powerful, and sacred feeling, some need to confess, to tell everything, to speak about the things she had kept up to that point enclosed in the depths of her heart, and about these people whose name wrought havoc in her soul:

"Yes, Henri de Sirmont. I know him well. He is my brother."

quel sentiment confus, puissant et sacré, de je ne sais quel besoin d'avouer, de dire tout, de parler de ces choses qu'elle avait tenues jusque-là enfermées au fond de son cœur, et de ces gens dont le nom bouleversait son âme:

"Oui, Henri de Sirmont. Je le sais bien. C'est mon frère."

Et je levai les yeux vers elle, effaré de surprise. Et tout d'un coup le souvenir me revint.

Cela avait fait, jadis, un gros scandale dans la noble Lorraine. Une jeune fille, belle et riche, Suzanne de Sirmont, avait été enlevée par un sous-officier de hussards du régiment que commandait son père.

C'était un beau garçon, fils de paysans, mais portant bien le dolman bleu, ce soldat qui avait séduit la fille de son colonel. Elle l'avait vu, remarqué, aimé en regardant défiler les escadrons, sans doute. Mais comment lui avait-elle parlé, comment avaient-ils pu se voir, s'entendre? Comment avait-elle osé lui faire comprendre qu'elle l'aimait? Cela, on ne le sut jamais.

On n'avait rien deviné, rien pressenti. Un soir comme le soldat venait de finir son temps, il disparut avec elle. On les chercha, on ne les retrouva pas. On n'en eut jamais des nouvelles et on la considérait comme morte.

Et je la retrouvais ainsi dans ce sinistre vallon.

Alors je repris à mon tour:

"Oui, je me rappelle bien. Vous êtes mademoiselle Suzanne."

Elle fit "oui," de la tête. Des larmes tombaient de ses yeux. Alors, me montrant d'un regard le vieillard immobile sur le seuil de sa masure, elle me dit:

"C'est lui."

Et je compris qu'elle l'aimait toujours, qu'elle le voyait encore avec ses yeux séduits.

Je demandai: "Avez-vous été heureuse au moins?"

I looked up at her with alarmed surprise. And all at once the memory came back to me.

Long ago, there had been a scandal among the nobles of Lorraine. A young lady, beautiful and rich, Suzanne de Sirmont, had been carried off by a junior cavalry officer in the regiment commanded by her father.

He was a handsome man, the son of peasants, but he wore the blue hussars jacket well, this soldier who had seduced his colonel's daughter. She had seen him, noticed him, probably while she was watching the squadrons file past. But how had she been able to talk with him, how had they been able to see each other, to get to know each other? How had she dared let him know that she loved him? That no one ever found out.

No one had guessed anything, suspected anything. One evening, when the soldier had just finished his tour of duty, he disappeared with her. People looked for them, did not find them. No one ever heard from her and she was assumed to be dead.

And I had discovered her here in this sinister vale.

Then I continued in turn: "Yes, I remember. You are Mademoiselle Suzanne."

She nodded. Tears were falling from her eyes. Then, glancing at the old man motionless on the threshold of his wretched cottage, she said: "That's he."

And I understood that she still loved him, that she still saw him with her seduced eyes.

I asked: "Have you been happy, at least?"

She replied, in a voice that came from her heart: "Oh! Yes, very happy. He has made me very happy. I have never regretted anything."

I contemplated her, sad, surprised, marveling at the power of love! This rich girl had followed this man, this peasant. She had

Elle répondit, avec une voix qui venait du cœur: "Oh! oui, très heureuse. Il m'a rendue très heureuse. Je n'ai jamais rien regretté."

Je la contemplais, triste, surpris, émerveillé par la puissance de l'amour! Cette fille riche avait suivi cet homme, ce paysan. Elle était devenue elle-même une paysanne. Elle s'était faite à sa vie sans charmes, sans luxe, sans délicatesse d'aucune sorte, elle s'était pliée à ses habitudes simples. Et elle l'aimait encore. Elle était devenue une femme de rustre, en bonnet, en jupe de toile. Elle mangeait dans un plat de terre sur une table de bois, assise sur une chaise de paille, une bouillie de choux et de pommes de terre au lard. Elle couchait sur une paillasse à son côté.

Elle n'avait jamais pensé à rien, qu'à lui! Elle n'avait regretté ni les parures, ni les étoffes, ni les élégances, ni la mollesse des sièges, ni la tiédeur parfumée des chambres enveloppées de tentures, ni la douceur des duvets où plongent les corps pour le repos. Elle n'avait eu jamais besoin que de lui pourvu qu'il fût là, elle ne désirait rien.

Elle avait abandonné la vie, toute jeune, et le monde, et ceux qui l'avaient élevée, aimée. Elle était venue, seule avec lui, en ce sauvage ravin. Et il avait été tout pour elle, tout ce qu'on désire, tout ce qu'on rêve, tout ce qu'on attend sans cesse, tout ce qu'on espère sans fin. Il avait rempli de bonheur son existence, d'un bout à l'autre.

Elle n'aurait pas pu être plus heureuse.

Et toute la nuit, en écoutant le souffle rauque du vieux soldat étendu sur son grabat, à côté de celle qui l'avait suivi si loin, je pensais à cette étrange et simple aventure, à ce bonheur si complet, fait de si peu.

Et je partis au soleil levant, après avoir serré la main des deux vieux époux.

herself become a peasant. She had gotten used to his life without charm, without luxury, without any sort of delicacy; she had adapted to his simple habits. And she still loved him. She had become the wife of a rustic, wearing a bonnet and an apron of coarse cloth. She ate a stew of cabbage and potatoes with lard from an earthenware plate on a wooden table, seated on a straw-bottomed chair. She slept on a pallet at his side.

She had never thought of anything but him! She had not longed for the jewelry, the fabrics, the elegant things, the soft chairs, the perfumed warmth of curtained bedchambers, or the fluffy featherbeds into which people threw themselves to rest. She had never needed anything but him; so long as he was there, she desired nothing more.

She had given up life, when she was very young, along with her social world and the people who had raised her, loved her. She had come, alone with him, to this wild ravine. And he had been everything for her, everything we desire, everything we dream of, everything we constantly await, everything we endlessly hope for. He had filled her existence with happiness, from one end to the other.

She could not have been happier.

And all night, listening to the hoarse breathing of the old soldier stretched out on his cot, alongside the woman who had followed him so far, I thought about this strange and simple adventure, this so complete happiness composed of so little.

And I left at dawn, after shaking hands with the old couple.

The storyteller fell silent. A woman said: "That doesn't prove anything. Her ideal was too easy, her needs too primitive, and her requirements too simple. She could only have been a fool."

Another woman said slowly: "So what? She was happy."

And far away, on the horizon, Corsica sank into the night,

Le conteur se tut. Une femme dit:

"C'est égal, elle avait un idéal trop facile, des besoins trop primitifs et des exigences trop simples. Ce ne pouvait être qu'une sotte."

Une autre prononça d'une voix lente:

"Qu'importe! elle fut heureuse."

Et là-bas, au fond de l'horizon, la Corse s'enfonçait dans la nuit, rentrait lentement dans la mer, effaçait sa grande ombre apparue comme pour raconter elle-même l'histoire des deux humbles amants qu'abritait son rivage.

slowly retreated into the sea, effaced its great shadow, which had appeared as if to tell the story of the two humble lovers its shores sheltered.

Guy de Maupassant
Adieu

*L*es deux amis achevaient de dîner. De la fenêtre du café ils voyaient le boulevard couvert de monde. Ils sentaient passer ces souffles tièdes qui courent dans Paris par les douces nuits d'été, et font lever la tête aux passants et donnent envie de partir, d'aller là-bas, on ne sait où, sous des feuilles, et font rêver de rivières éclairées par la lune, de vers luisants et de rossignols.

L'un d'eux, Henri Simon, prononça, en soupirant profondément:

"Ah! je vieillis. C'est triste. Autrefois par des soirs pareils, je me sentais le diable au corps. Aujourd'hui je ne me sens plus que des regrets. Ça va vite, la vie!"

Il était un peu gros déjà, vieux de quarante-cinq ans peut-être et très chauve.

L'autre, Pierre Carnier, un rien plus âgé, mais plus maigre et plus vivant, reprit:

"Moi, mon cher, j'ai vieilli sans m'en apercevoir le moins du monde. J'étais toujours gai, gaillard, vigoureux et le reste. Or, comme on se regarde chaque jour dans son miroir, on ne voit pas le travail de l'âge s'accomplir, car il est lent, régulier, et il modifie le visage si doucement que les transitions sont insensibles. C'est uniquement pour cela que nous ne mourons pas de chagrin après deux ou trois ans seulement de ravages. Car nous ne les pouvons

Guy de Maupassant
Farewell

*T*he two friends had just dined. From the window of the café they looked out on the boulevard full of people. They felt the warm breezes that waft through Paris on soft summer nights, and make passersby raise their heads and make us want to go somewhere, we are not sure quite where, under the leaves, make us dream of moonlit rivers, shining verses and nightingales.

One of two men, Henri Simon, said slowly, with a deep sigh: "Ah! I'm getting old. It's sad. On evenings like this I used to feel excited, ready for anything. Now I feel only regrets. Life goes by so quickly!"

He was already a little heavy, perhaps forty-five years old, and very bald.

The other man, Pierre Carnier, somewhat older but more slender and lively, replied:

"As for me, my friend, I grew old without noticing it at all. I was always cheerful, hearty, vigorous, and so on. When you look at yourself in the mirror every day, you don't see the aging—it takes place slowly, regularly, and it changes your face so gradually that the transitions are imperceptible. That's the only reason we don't die of sorrow after only two or three years of its ravages. We can't perceive them. In order to see them you'd have to go six months without looking at your face—and then, what a blow!

apprécier. Il faudrait, pour s'en rendre compte, rester six mois sans regarder sa figure—oh! alors quel coup!

"Et les femmes, mon cher, comme je les plains, les pauvres êtres. Tout leur bonheur, toute leur puissance, toute leur vie sont dans leur beauté qui dure dix ans. Donc, moi, j'ai vieilli sans m'en douter, je me croyais presque un adolescent alors que j'avais près de cinquante ans. Ne me sentant aucune infirmité d'aucune sorte, j'allais, heureux et tranquille. La révélation de ma décadence m'est venue d'une façon simple et terrible qui m'a atterré pendant près de six mois … puis j'en ai pris mon parti. J'ai été souvent amoureux, comme tous les hommes, mais principalement une fois."

Je l'avais rencontrée au bord de la mer à Étretat, voici douze ans environ, un peu après la guerre. Rien de gentil comme cette plage, le matin, à l'heure des bains. Elle est petite, arrondie en fer à cheval, encadrée par ces hautes falaises blanches percées de ces trous singuliers qu'on nomme les Portes, l'une énorme allongeant dans la mer sa jambe de géante, l'autre en face accroupie et ronde: la foule des femmes se rassemble, se masse sur l'étroite langue de galets qu'elle couvre d'un éclatant jardin de toilettes claires, dans ce cadre de hauts rochers. Le soleil tombe en plein sur les côtes, sur les ombrelles de toute nuance, sur la mer d'un bleu verdâtre; et tout cela est gai, charmant, sourit aux yeux. On va s'asseoir tout contre l'eau, et on regarde les baigneuses. Elles descendent, drapées dans un peignoir de flanelle qu'elles rejettent d'un joli mouvement en atteignant la frange d'écume des courtes vagues; et elles entrent dans la mer, d'un petit pas rapide qu'arrête parfois un frisson de froid délicieux, une courte suffocation.

Bien peu résistent à cette épreuve du bain. C'est là qu'on les juge, depuis le mollet jusqu'à la gorge. La sortie surtout révèle les

"And women, old pal, how sorry I feel for them, poor things. All their happiness, all their power, all their life is in their beauty, which lasts only ten years.

"So I grew old without suspecting it, and I still thought I was almost an adolescent when I was nearly fifty years old. Not suffering from any sort of infirmity, I went on, happily and peacefully.

"The revelation of my decline came to me in a simple and terrible manner that laid me low for almost six months... then I made up my mind.

"I've often been in love, like all men, but chiefly one time:"

I had met her at the seaside, in Étretat, about twelve years ago, shortly after the war. No nicer place than that beach, in the morning, when people go swimming. It is small, horseshoe-shaped, framed by high white cliffs pierced by the singular openings they call the Doors, one of them stretching its giant leg into the sea, the other opposite it, crouching and rounded; the crowd of women gathers, bunches on the narrow strip of pebbles, covering it with a sparkling garden of bright outfits, within the frame of the high rocks. The sun beams down on the coast, on the umbrellas in every shade of color, on the greenish blue sea; and all that is gay, charming, a delight to see. People go to sit right at the waters edge, and watch the women bathing. The women come down, wrapped in flannel peignoirs they throw off with a pretty gesture when they reach the fringe of foam on the low waves; and they go into the sea with quick little steps, sometimes stopping with a delicious shiver, their breath taken briefly away.

Very few stand up to this test of going into the water. It is then that you can judge them, from their ankles up to their bosom.

faibles, bien que l'eau de mer soit d'un puissant secours aux chairs amollies.

La première fois que je vis ainsi cette jeune femme, je fus ravi et séduit. Elle tenait bon, elle tenait ferme. Puis il y a des figures dont le charme entre en nous brusquement, nous envahit tout d'un coup. Il semble qu'on trouve la femme qu'on était né pour aimer. J'ai eu cette sensation et cette secousse.

Je me fis présenter et je fus bientôt pincé comme je ne l'avais jamais été. Elle me ravageait le cœur. C'est une chose effroyable et délicieuse que de subir ainsi la domination d'une femme. C'est presque un supplice et, en même temps, un incroyable bonheur. Son regard, son sourire, les cheveux de sa nuque quand la brise les soulevait toutes les plus petites lignes de son visage, les moindres mouvements de ses traits, me ravissaient, me bouleversaient, m'affolaient. Elle me possédait par toute sa personne, par ses gestes, par ses attitudes, même par les choses qu'elle portait qui devenaient ensorcelantes. Je m'attendrissais à voir sa voilette sur un meuble, ses gants jetés sur un fauteuil. Ses toilettes me semblaient inimitables. Personne n'avait des chapeaux pareils aux siens.

Elle était mariée, mais l'époux venait tous les samedis pour repartir les lundis. Il me laissait d'ailleurs indifférent. Je n'en étais point jaloux, je ne sais pourquoi, jamais un être ne me parut avoir aussi peu d'importance dans la vie, n'attira moins mon attention que cet homme.

Comme je l'aimais, elle! Et comme elle était belle, gracieuse et jeune! C'était la jeunesse, l'élégance et la fraîcheur même. Jamais je n'avais senti de cette façon comme la femme est un être joli, fin distingué, délicat, fait de charme et de grâce. Jamais je n'avais compris ce qu'il y a de beauté séduisante dans la courbe d'une

The weak ones are given away especially when they are getting out, even though the seawater really helps firm up flabby flesh.

The first time I saw this young woman in that way, I was overcome with delight. She passed the test very well, very well indeed. Then there are figures whose charm strikes us brusquely, invades us all at once. It seems one has found the woman one was born to love. I had this sensation and this shock.

I got myself introduced to her, and I was soon lovestruck as I had never been before. She ravaged my heart. It is a dreadful and delicious thing to undergo a woman's domination in this way. It is almost torture and yet, at the same time, an incredible happiness. Her eyes, her smile, the hair on the nape of her neck when the breeze lifted it, all the smallest lines on her face, the slightest movements of her features, ravished me, bowled me over, made me go mad. She possessed me with her person as a whole, by her gestures, her bearing, even the things she wore became bewitching. I melted when I saw her veil on a table, her gloves thrown on an armchair. Her way of dressing seemed to me inimitable. No one had hats like hers.

She was married, but the husband came every Saturday and left again on Monday. I was indifferent to him, anyway. I was not at all jealous, I don't know why, no one ever seemed to me so unimportant in life, attracted my attention less than that man did.

How I loved her! And how beautiful, gracious, and young she was! She was youth, elegance, and freshness incarnate. Never had I been so sure that a woman is a pretty, fine, distinguished, delicate creature full of charm and grace. Never had I understood that there is a seductive beauty in the curve of a cheek, in the movement of a lip, in the round folds of a little ear, in the shape of the silly organ we call the nose.

This went on for three months, but then I left for America, my

joue, dans le mouvement d'une lèvre, dans les plis ronds d'une petite oreille, dans la forme de ce sot organe qu'on nomme le nez.

Cela dura trois mois, mais je partis pour l'Amérique, le cœur broyé de désespoir. Mais sa pensée demeura en moi, persistante, triomphante. Elle me possédait de loin comme elle m'avait possédé de près. Des années passèrent. Je ne l'oubliais point. Son image charmante restait devant mes yeux et dans mon cœur. Et ma tendresse lui demeurait fidèle, une tendresse tranquille, maintenant, quelque chose comme le souvenir aimé de ce que j'avais rencontré de plus beau et de plus séduisant dans la vie.

Douze ans sont si peu de chose dans l'existence d'un homme! On ne les sent point passer! Elles vont l'une après l'autre, les années, doucement et vite, lentes et pressées, chacune est longue et si tôt finie! Et elles s'additionnent si promptement, elles laissent si peu de trace derrière elles, elles s'évanouissent si complètement qu'en se retournant pour voir le temps parcouru on n'aperçoit plus rien, et on ne comprend pas comment il se fait qu'on soit vieux.

Il me semblait vraiment que quelques mois à peine me séparaient de cette saison charmante sur le galet d'Étretat.

J'allais au printemps dernier dîner à Maisons-Laffitte, chez des amis.

Au moment où le train partait, une grosse dame monta dans mon wagon, escortée de quatre petites filles. Je jetai à peine un coup d'œil sur cette mère poule très large, très ronde, avec une face de pleine lune qu'encadrait un chapeau enrubanné.

Elle respirait fortement, essoufflée d'avoir marché vite. Et les enfants se mirent à babiller. J'ouvris mon journal et je commençai à lire.

Nous venions de passer Asnières, quand ma voisine me dit tout à coup:

"Pardon, monsieur, n'êtes-vous pas monsieur Carnier?

heart crushed with despair. But the thought of her remained within me, persistent, triumphant. She possessed me from afar as she had possessed me when she was close. Years went by. I did not forget her. Her magical image remained before my eyes and in my heart. And my love remained faithful to her, a tranquil love, now, something like a cherished memory of the most beautiful and delightful thing I had ever encountered in my life.

Twelve years are not much in a man's existence! We don't feel them going by! They pass one after the other, the years, softly and fast, slow and hurried, every one so long and so quickly over! And they add up so rapidly, they leave so little trace behind them, they evaporate so completely that when you turn around to see the time you've passed through you no longer find anything, and you don't understand how it happens that you've gotten old.

It really seemed to me that only a few years separated me from that magical season on the beach at Étretat.

Last spring I was going to dine in Maisons-Laffitte, at the house of some friends.

Just as the train was starting up, a fat woman got into my car, escorted by four little girls. I hardly looked at this mother hen, very broad, very round, with a moon-face framed by a ribboned hat.

She was breathing heavily, out of breath from having walked quickly. And the children began to chatter. I opened my newspaper and began to read.

We had just passed Asnières, when my neighbor suddenly said to me:

"Pardon me, sir, aren't you Monsieur Carnier?

"Yes, madame."

Then she began to laugh, with a good woman's happy laugh, and yet also a bit sadly.

"Oui, madame."

Alors elle se mit à rire, d'un rire content de brave femme, et un peu triste pourtant.

"Vous ne me reconnaissez pas?"

J'hésitais. Je croyais bien en effet avoir vu quelque part ce visage; mais où? mais quand? Je répondis:

"Oui… et non… Je vous connais certainement, sans retrouver votre nom."

Elle rougit un peu.

"Madame Julie Lefèvre."

Jamais je ne reçus un pareil coup. Il me sembla en une seconde que tout était fini pour moi! Je sentais seulement qu'un voile s'était déchiré devant mes yeux et que j'allais découvrir des choses affreuses et navrantes.

C'était elle! cette grosse femme commune, elle? Et elle avait pondu ces quatre filles depuis que je ne l'avais vue. Et ces petits êtres m'étonnaient autant que leur mère elle-même. Ils sortaient d'elle; ils étaient grands déjà, ils avaient pris place dans la vie. Tandis qu'elle ne comptait plus, elle, cette merveille de grâce coquette et finie. Je l'avais vue hier, me semblait-il, et je la retrouvais ainsi! Etait-ce possible? Une douleur violente m'étreignait le cœur, et aussi une révolte contre la nature même, une indignation irraisonnée contre cette œuvre brutale, infâme de destruction.

Je la regardais effaré. Puis je lui pris la main; et des larmes me montèrent aux yeux. Je pleurais sa jeunesse, je pleurais sa mort. Car je ne connaissais point cette grosse dame.

Elle, émue aussi, balbutia:

"Je suis bien changée, n'est-ce pas? Que voulez-vous, tout passe. Vous voyez, je suis devenue une mère, rien qu'une mère, une bonne mère. Adieu le reste, c'est fini. Oh! je pensais bien que vous ne

"You don't recognize me?"

I hesitated. It did seem to me I had seen this face somewhere; but where? When? I answered:

"Yes... and no... I'm sure I know you, but I can't recall your name."

She blushed a little.

"Madame Julie Lefèvre."

Never have I received such a blow. It seemed for a second that the world had come to an end for me! I felt only that a veil had been ripped aside before my eyes and that I was about to discover dreadful and depressing things.

It was she! This fat, common woman—she? She had hatched these four girls since I had last seen her. And these little beings astonished me as much as their mother did. They came out of her; they were already growing up, they had taken their places in life. Whereas she no longer mattered, she, that marvel of coquettish and refined grace. I had seen her yesterday, it seemed to me, and now I found her looking like this! Was it possible? A violent pain gripped my heart, a rebellion against nature itself, an unreasoning indignation with regard to this brutal result, this infamous destruction.

I looked at her wildly. Then I took her hand; and tears sprang to my eyes. I wept for her youth, I mourned her death. For I no longer knew this fat lady.

Moved as well, she stammered:

"I've changed a great deal, haven't I? What do you expect, everything passes. You see, I have become a mother, nothing more than a mother, a simple mother. Farewell to the rest, it's over. Oh! I suspected you wouldn't recognize me, if we were ever to meet again. You, too—you've changed as well; it took me a while to be

me reconnaîtriez pas, si nous nous rencontrions jamais. Vous aussi, d'ailleurs, vous êtes changé; il m'a fallu quelque temps pour être sûre de ne me point tromper. Vous êtes devenu tout blanc. Songez. Voici douze ans! Douze ans! Ma fille aînée a dix ans déjà."

Je regardai l'enfant. Et je retrouvai en elle quelque chose du charme ancien de sa mère, mais quelque chose d'indécis encore, de peu formé, de prochain. Et la vie m'apparut rapide comme un train qui passe.

Nous arrivions à Maisons-Laffitte. Je baisai la main de ma vieille amie. Je n'avais rien trouvé à lui dire que d'affreuses banalités. J'étais trop bouleversé pour parler.

Le soir, tout seul, chez moi, je me regardai longtemps dans ma glace, très longtemps. Et je finis par me rappeler ce que j'avais été, par revoir en pensée, ma moustache brune et mes cheveux noirs, et la physionomie jeune de mon visage. Maintenant, j'étais vieux. Adieu.

sure I wasn't mistaken. You've gone gray. Just think! Already twelve years! Twelve years! My eldest daughter is already ten."

I looked at the child. And I rediscovered in her something of her mother's old charm, but still indefinite, not fully formed, approximate. And life seemed to me as rapid as a passing train.

We were arriving in Maisons-Laffitte. I kissed my old friend's hand. I had found nothing to say to her but frightful banalities. I was too overcome to talk.

That night, all alone, in my room, I looked at myself in the mirror for a long time, a very long time. And I finally remembered what I had been, by seeing in my mind's eye my brown mustache, my black hair, my face's young physiognomy. Now I was old. Farewell.

Colette

L'Autre Femme

"*D*eux couverts? Par ici, Monsieur et Madame, il y a encore une table contre la baie, si Madame et Monsieur veulent profiter de la vue."

Alice suivit le maître d'hôtel.

"Oh! oui, viens, Marc, on aura l'air de déjeuner sur la mer dans un bateau."

Son mari la retint d'un bras passé sous le sien.

"Nous serons mieux là.

"Là? Au milieu de tout ce monde? J'aime bien mieux… .

"Je t'en prie, Alice."

Il resserra son étreinte d'une manière tellement significative qu'elle se retourna:

"Qu'est-ce que tu as?"

Il fit "ch … tt" tout bas, en la regardant fixement, et l'entraîna vers la table du milieu.

"Qu'est-ce qu'il y a, Marc?

"Je vais te dire, chérie. Laisse-moi commander le déjeuner. Veux-tu des crevettes? ou des œufs en gelée?

"Ce que tu voudras, tu sais bien."

Ils se sourirent, gaspillant les précieux moments d'un maître d'hôtel surmené, atteint d'une sorte de danse nerveuse, qui transpirait près d'eux.

Colette

The Other Woman

"*T*wo for lunch? This way, please, there's still a table by the window, if Madame and Monsieur wish to take advantage of the view."

Alice followed the maître d'hôtel. "Oh, yes! Come on Marc, it will be like having lunch at sea, on a boat..."

Her husband held her back, pressing her arm in his. "We'll be better over there."

"There? In the middle of all those people? I would much rather..."

"Please, Alice."

He tightened his grip on her arm in such a meaningful way that she turned around. "What's wrong with you?"

"Shh..." He kept his eyes on her, and led her toward the table in the middle of the room.

"What's wrong, Marc?"

"I'll tell you, honey. Just let me order first. Would you like shrimp? Eggs in aspic?"

"Whatever you want, you know best."

They smiled at each other, wasting the precious time of the overworked maître d'hôtel, who was sweating and doing a sort of nervous dance near them.

"The shrimp," Marc ordered. "And then eggs with bacon. And

"Les crevettes, commanda Marc. Et puis les œufs bacon. Et du poulet froid avec une salade de romaine. Fromage à la crème? Spécialité de la maison? Va pour la spécialité. Deux très bons cafés. Qu'on fasse déjeuner mon chauffeur, nous repartons à deux heures. Du cidre? Je me méfie... Du champagne sec."

Il soupira comme s'il avait déménagé une armoire, contempla la mer décolorée de midi, le ciel presque blanc, puis sa femme qu'il trouva jolie sous un petit chapeau de Mercure à grand voile pendant.

"Tu as bonne mine, chérie. Et tout ce bleu de mer te fait les yeux verts, figure-toi! Et puis tu engraisses, en voyage... C'est agréable, à un point, mais à un point!..."

Elle tendit orgueilleusement sa gorge ronde, en se penchant au-dessus de la table.

"Pourquoi m'as-tu empêchée de prendre cette place contre la baie?"

Marc Séguy ne songea pas à mentir.

"Parce que tu allais t'asseoir à côté de quelqu'un que je connais.

"Et que je ne connais pas?

"Mon ex-femme."

Elle ne trouva pas un mot à dire et ouvrit plus grands ses yeux bleus.

"Quoi donc, chérie? Ça arrivera encore. C'est sans importance."

Alice, retrouvant la parole, lança dans leur ordre logique les questions inévitables:

"Elle t'a vu? Elle a vu que tu l'avais vue? Montre-la-moi?

"Ne te retourne pas tout de suite, je t'en prie, elle doit nous surveiller ... Une dame brune, tête nue, elle doit habiter cet hôtel ... Toute seule, derrière ces enfants en rouge ...

"Oui. Je vois."

Abritée derrière des chapeaux de plage à grandes ailes, Alice put

cold chicken with a romaine salad. Cheese with cream? A specialty of the house? Okay on the specialty. Two very good coffees. My driver must be given lunch, we are leaving at two o'clock. Some cider? I don't trust that... Dry champagne."

He sighed as if he had just moved a piano, contemplated the sea, pale beneath the noonday sun, the sky, almost white, and then his wife, whom he found very pretty wearing her little hat with a large veil hanging down.

"You're looking good, dear. And all this blue sea makes your eyes green, just think! And then you are putting on weight as we travel... That's nice, up to a point, but only up to a point!...

She showed her rounded bosom, leaning over the table. "Why did you keep me from taking that table by the window?"

It didn't occur to Marc Séguy to lie. "Because you were going to sit next to someone I know."

"And whom I don't know?"

"My ex-wife." She didn't know what to say, and opened her blue eyes wide.

"What, dear?" he said. "It will happen again. It's not important."

Alice, finding her tongue again, threw out in their logical order the inevitable questions: "Did she see you? Did she see that you had seen her? Show her to me?

"Don't turn around right away, please, she must be watching us... A brunette, not wearing a hat, she must live in this hotel... All alone, behind the children in red..."

"Yes. I see."

Sheltered behind beach hats with wide brims, Alice could look at the woman who fifteen months ago was still her husband's wife. "Incompatibility," Marc had said. "Oh, it was... total incompatibility! We got divorced in a civil manner, almost as

regarder celle qui était encore, quinze mois auparavant, la femme de son mari. "Incompatibilité," lui racontait Marc. "Oh! mais, là … incompatibilité totale! Nous avons divorcé en gens bien élevés, presque en amis, tranquillement, rapidement. Et je me suis mis à t'aimer, et tu as bien voulu être heureuse avec moi. Quelle chance qu'il n'y ait, dans notre bonheur, ni coupables, ni victimes!"

La femme en blanc, casquée de cheveux plats et lustrés où la lumière de la mer miroitait en plaques d'azur, fumait une cigarette en fermant à demi les yeux. Alice se retourna vers son mari, prit des crevettes et du beurre, mangea posément. Au bout d'un moment de silence:

"Pourquoi ne m'avais-tu jamais dit qu'elle avait aussi les yeux bleus?

"Mais je n'y ai pas pensé!"

Il baisa la main qu'elle étendait vers la corbeille à pain et elle rougit de plaisir. Brune et grasse, on l'eut trouvée un peu bestiale, mais le bleu changeant de ses yeux, et ses cheveux d'or ondé, la déguisaient en blonde frêle et sentimentale. Elle vouait à son mari une gratitude éclatante. Immodeste sans le savoir, elle portait sur toute sa personne les marques trop visibles d'une extrême félicité.

Ils mangèrent et burent de bon appétit, et chacun d'eux crut que l'autre oubliait la femme en blanc. Pourtant, Alice riait parfois trop haut, et Marc soignait sa silhouette, élargissant les épaules et redressant la nuque. Ils attendirent le café assez longtemps, en silence. Une rivière incandescente, reflet étiré du soleil haut et invisible, se déplaçait lentement sur la mer, et brillait d'un feu insoutenable.

"Elle est toujours là, tu sais, chuchota brusquement Alice.

"Elle te gêne? Tu veux prendre le café ailleurs?

"Mais pas du tout! C'est plutôt elle qui devrait être gênée!

friends, quietly, quickly. And I started to love you, and you agreed to be happy with me. What luck that in our happiness there are neither guilty people nor victims!"

The woman in white, capped with straight, lustrous hair on which the light of the sea danced in azure-colored spots, was smoking a cigarette and half-closing her eyes. Alice turned back to her husband, took some shrimp and melted butter, ate calmly. After a moment's silence she said: "Why haven't you ever told me that she also had blue eyes?"

"It just never occurred to me!"

He kissed her hand as she reached for the bread basket, and she blushed with pleasure. Dark-skinned and fat, she might have been found a little brutish, but the shifting blue of her eyes and her wavy golden hair disguised her as a delicate and sentimental blonde. She was intensely grateful to her husband. Immodest without being aware of it, the signs of her extreme happiness were written all over her.

They ate and drank with gusto, and each of them believed the other had forgotten the woman in white. However, Alice sometimes laughed too loudly, and Marc thrust out his chest and held his head high. They waited a rather long time for their coffee, in silence. An incandescent river, the long, narrow reflection of the invisible sun above, moved slowly across the sea, shining with an unbearably brilliant fire.

"She's still there, you know," Alice suddenly whispered.

"Does she bother you? Would you like to have coffee somewhere else?"

"No, not at all! She's the one who should be bothered. In fact, she doesn't look like she's having much fun, if you saw her..."

"Don't need to. I know that look."

"Ah! So she was that kind?"

D'ailleurs, elle n'a pas l'air de s'amuser follement, si tu la voyais ...

"Pas besoin. Je lui connais cet air-là.

"Ah! oui, c'était son genre?"

Il souffla de la fumée par les narines et fronça les sourcils:

"Un genre ... Non. A te parler franchement, elle n'était pas heureuse avec moi.

"Ça, par exemple!

"Tu es d'une indulgence délicieuse, chérie, une indulgence folle... Tu es un amour, toi ... Tu m'aimes ... Je suis si fier, quand je te vois ces yeux ... oui, ces yeux-là ... Elle ... Je n'ai sans doute pas su la rendre heureuse. Voilà, je n'ai pas su.

"Elle est difficile!

Alice s'éventait avec irritation, et jetait de brefs regards sur la femme en blanc qui fumait, la tête appuyée au dossier de rotin, et fermait les yeux avec un air de lassitude satisfaite.

Marc haussa les épaules modestement:

"C'est le mot, avoua-t-il. Que veux-tu? Il faut plaindre ceux qui ne sont jamais contents. Nous, nous sommes si contents ... N'est-ce pas, chérie?"

Elle ne répondit pas. Elle donnait une attention furtive au visage de son mari, coloré, régulier, à ses cheveux drus, faufilés çà et là de soie blanche, à ses mains courtes et soignées. Dubitative pour la première fois, elle s'interrogea:

"Qu'est-ce qu'elle voulait donc de mieux, elle?"

Et jusqu'au départ, pendant que Marc payait l'addition s'enquérait du chauffeur, de la route, elle ne cessa plus de regarder avec une curiosité envieuse la dame en blanc, cette mécontente cette difficile, cette supérieure... .

He blew smoke through his nostrils and frowned. "That kind... No. To tell the truth, she wasn't happy with me."

"You're kidding!"

"You're deliciously indulgent, honey, madly indulgent... You're a real darling... You love me... I am so proud, when I see you looking at me that way... yes, that way... She... I probably wasn't able to make her happy. I just wasn't able to do it, that's all."

"She's hard to please!" Alice fanned herself with annoyance, and cast brief looks on the woman in white who was smoking, her head resting on the back of the rattan chair, and closing her eyes with an air of satisfied weariness.

Marc shrugged modestly: "That's the right word," he admitted. "What do you expect? You have to feel sorry for people who are never happy. We are so happy... aren't we dear?"

She did not answer. She was looking furtively at her husband's face, ruddy, regular, at his thick hair, streaked here and there with white silk, at his small, manicured hands. Having doubts for the first time, she asked herself: "What more did she want, then?"

And until they left, while Marc was paying the bill, asking about the chauffeur, about the road, she never stopped looking with envious curiosity at the woman in white, that dissatisfied, difficult, superior woman....

Jean Giono
La Femme du boulanger

*L*a femme du boulanger s'en alla avec le berger des Conches. Ce boulanger était venu d'une ville de la plaine pour remplacer le pendu. C'était un petit homme grêle et roux. Il avait trop longtemps gardé le feu du four devant lui à hauteur de poitrine et il s'était tordu comme du bois vert. Il mettait toujours des maillots de marin, blancs à raies bleues. On ne devait jamais en trouver d'assez petits. Ils étaient tous faits pour des hommes, avec un bombu à la place de la poitrine. Lui, justement, il avait un creux là et son maillot pendait comme une peau flasque sous son cou. Ça lui avait donné l'habitude de tirer sur le bas de son tricot et il s'allongeait devant lui jusqu'au-dessous de son ventre.

"Tu es pitoyable, lui disait sa femme."

Elle, elle était lisse et toujours bien frottée; avec des cheveux si noirs qu'ils faisaient un trou dans le ciel derrière sa tête. Elle les lissait serrés à l'huile et au plat de la main et elle les attachait sur sa nuque en un chignon sans aiguilles. Elle avait beau secouer la tête, ça ne se défaisait pas. Quand le soleil le touchait, le chignon avait des reflets violets comme une prune. Le matin, elle trempait ses doigts dans la farine et elle se frottait les joues. Elle se parfumait avec de la violette ou bien avec de la lavande. Assise devant la porte de la boutique elle baissait la tête sur son travail de dentelle et tout le temps elle se mordait les lèvres. Dès qu'elle entendait le pas d'un

Jean Giono
The Baker's Wife

*T*he baker's wife went off with the shepherd from the farm at
Les Conches. This baker had come from a town on the plain to
replace the one who'd hanged himself. He was a small, spindly,
red-haired man. He had stood in front of the chest-high oven so
long that he'd twisted like green wood. He always wore sailor
shirts, white with blue stripes. He must have had a hard time
finding shirts small enough. They were all made for men, with
extra room in the chest. He, on the contrary, had a hollow there,
and his shirt hung down like flaccid skin under his chin. This had
given him the habit of pulling on the bottom of his sweater, and
it stretched down below his belly.

"You're pitiful," his wife said to him.

She was sleek and always well-scrubbed; with hair so black it
made a hole in the sky behind her head. She slicked down her hair
with oil, passed the flat of her hand over it, and tied it on the
nape of her neck in a bun without pins. No matter how hard she
shook her head, the bun never came loose. When the sun hit it,
the bun had violet highlights like a plum. In the morning, she
dipped her fingers in flour and rubbed her cheeks. She perfumed
herself with violet or lavender. Sitting in front of the door to the
shop she bent her head over her lace-making and constantly
chewed her lips. As soon as she heard a man coming, she wet her

homme, elle mouillait ses lèvres avec sa langue, elle les laissait un peu en repos pour qu'elles soient bien gonflées, rouges, luisantes et, dès que l'homme passait devant elle, elle levait les yeux.

C'était vite fait. Des yeux comme ça, on ne pouvait pas les laisser longtemps libres.

"Salut, César."

"Salut, Aurélie."

Sa voix touchait les hommes partout, depuis les cheveux jusqu'aux pieds.

Le berger, c'était un homme clair comme le jour. Plus enfant que tout. Je le connaissais bien. Il savait faire des sifflets avec les noyaux de tous les fruits. Une fois, il avait fait un cerf-volant avec un journal, de la glue et deux cannes. Il était venu à notre petit campement.

"Montez avec moi," il avait dit, "on va le lancer."

Lui, il avait ses moutons sur le devers nord, où l'herbe était noire.

"Quand le vent portera, je le lâcherai."

Il était resté longtemps, debout sur la crête d'un mur, le bras en l'air et il tenait entre ses deux doigts l'oiseau imité.

Le vent venait.

"Lâche-le," dit l'homme noir.

Le berger clignait de l'œil.

"Je le connais, moi, le vent."

Il lâcha le cerf-volant à un moment où tout semblait dormir, rien ne bougeait, même pas la plus fine pointe des feuilles.

Le cerf-volant quitta ses doigts et il se mit à glisser sur l'air plat sans monter, sans descendre, tout droit devant lui.

Il s'en alla planer sur les aires; les poules se hérissaient sur leurs poussins et les coqs criaient au faucon.

Il tomba là-bas derrière dans les peupliers.

lips with her tongue, waited a moment until they were very full, red, shining, and, when the man passed in front of her, she looked up.

It was all over in a flash. Eyes like that couldn't be left alone for long.

"Hello, César."

"Hello, Aurélie."

Her voice touched men everywhere, from their hair down to their feet.

The shepherd was as bright and clear as sunlight. More a child than anything else. I knew him well. He could make a whistle from the pit of any fruit. Once, he had made a kite using a newspaper, birdlime, and two reeds. He had come to our little camp. "Climb up with me," he said, "we're going to fly it."

His sheep were on the north side of the hill, where the grass was dark.

"When the wind will carry it, I'll let it go."

He stood a long time on the top of a wall, his arm in the air, holding his imitation bird between two fingers.

The wind was rising.

"Let it go," said the dark man.

The shepherd winked.

"I know the wind."

He released the kite at a time when everything seemed asleep; nothing was moving, not even the tiny tips of the leaves.

The kite left his fingers and started to slip along the flat air, neither rising nor falling, straight in front of him.

It floated out over the farmyards; the hens ruffled their feathers over their chicks and the roosters shrieked a falcon-warning.

It fell over there behind the poplars.

"You see, the wind," the shepherd said.

"Tu vois, le vent," dit le berger.

Il se toucha le front avec les doigts et il se mit à rire.

Tous les dimanches matin il venait chercher le pain de la ferme. Il attachait son cheval à la porte de l'église. Il passait les guides dans la poignée de la porte et, d'un seul tour de main, il faisait un nœud qu'on ne pouvait plus défaire.

Il regardait sa selle. Il tapait sur le derrière du cheval.

"S'il vous gêne, poussez-le," disait-il aux femmes qui voulaient entrer à l'église.

Il se remontait les pantalons et il venait à la boulangerie.

Le pain, pour les Conches, c'était un sac de quarante kilos. Au début, il était toujours préparé d'avance, prêt à être chargé sur le cheval. Mais, Aurélie avait du temps toute la semaine pour calculer, se mordre les lèvres, s'aiguiser l'envie. Maintenant, quand le berger arrivait, il fallait emplir le sac.

"Tenez d'un côté," disait-elle.

Il soutenait les bords du sac d'un côté. Aurélie tenait de l'autre côté d'une main, et de l'autre main elle plaçait les pains dans le sac. Elle ne les lançait pas; elle les posait au fond du sac; elle se baissait et elle se relevait à chaque pain, et comme ca, plus de cent fois elle faisait voir ses seins, plus de cent fois elle passait avec son visage offert près du visage du berger, et lui il était là, tout ébloui de tout ça et de l'amère odeur de femme qui se balançait devant lui dans la pleine lumière du matin de dimanche.

"Je vais t'aider."

Elle lui disait "tu" brusquement, après ça.

"Je me le charge seul."

C'était à lui, alors, de se faire voir. Pour venir à cheval, il mettait toujours un mince pantalon de coutil blanc bien serré au ventre par sa ceinture de cuir; il avait une chemise de toile blanche un peu raide, en si gros fil qu'elle était comme empesée, autour de

He put his fingers to his forehead and began to laugh.

Every Sunday morning he came to get bread for the farm. He tied his horse to the church door. He put the reins through the door-handle and, with a single movement of his hand, tied a knot that no one could ever undo.

He looked at his saddle. He patted his horse's rump.

"If he gets in your way, push him," he said to the women who wanted to go into the church.

He hitched up his pants and went to the bakery.

Bread for Les Conches filled a forty-kilo sack. At first, it was always prepared in advance, ready to be loaded onto the horse. But Aurélie had all week to think, to chew her lips, to sharpen her desire. Now, when the shepherd arrived, the sack still had to be filled.

"Hold one side," she said.

He held his side of the sack. Aurélie held her side with one hand, and with her other she put the loaves in the sack. She did not throw them in; she placed them on the bottom of the sack; she bent down and stood up again with every loaf, and in that way, more than a hundred times she showed her breasts, more than a hundred times she offered her cheek to the shepherd as her face passed close to his, and he was there, dazzled by all that and by the pungent woman-smell that hung before him in the full Sunday morning light.

"I'll help you."

She used the familiar "tu" with him brusquely, from then on.

"I'll load it myself."

Then it was his turn to show off. To come on horseback he always put on slim twill pants drawn tight about his waist with a leather belt; he wore a white canvas shirt, rather stiff, and made of such heavy thread it looked starched. He did not button it at

lui. Il ne la boutonnait pas, ni du bas, ni du col, elle était ouverte comme une coque d'amande mûre et, dans elle, on voyait tout le torse du berger, mince de taille, large d'épaules, bombu, roux comme un pain et tout herbeux d'un beau poil noir frisé comme du plantain vierge.

Il se baissait vers le sac, de face. Il le saisissait de ses bonnes mains bien solides; ses bras durcissaient. D'un coup, il enlevait le poids, sans se presser, avec la sûreté de ses épaules; il tournait doucement tout son buste d'huile, et voilà, le sac était chargé.

Pas plus pour lui. Ça disait:

"Ce que je fais, je le fais lentement et bien."

Puis, il allait à son cheval. Il serrait le sac par son milieu, avec ses deux mains pour lui faire comme une taille, il le plaçait en besace sur le garrot de sa bête, il défaisait son nœud de guides et, pendant que le cheval tournait, sans étrier, d'un petit saut toujours précis, il se mettait en selle.

Et voilà!

"Elle n'a rien porté," dit le boulanger, "ni pour se couvrir ni rien."

C'était un grand malheur. On entrait dans la boulangerie tout ouverte. Il faisait voir. On allait jusque dans la chambre, là-bas, derrière le four. L'armoire n'était pas défaite; la commode était bien fermée. Elle avait laissé sur le marbre son petit trousseau de clefs, propre, tout luisant, comme en argent.

"Tenez… "

Il ouvrait les tiroirs.

"Elle n'a pas pris de linge; ni ses chemises en tricot."

Il fouillait dans le tiroir de sa femme avec ses mains pleines de son.

Il chercha même dans le linge sale. Il sortit un de ses tricots qui sentait comme une peau de putois.

either the bottom or the top; it was open like the shell of a ripe almond, and inside you could see the shepherd's whole torso, slender at the waist, broad in the shoulders, large-chested, brown as bread and covered with handsome dark curly hair like virgin plantain.

He bent down to the sack, facing it. He seized it in his good, strong hands; his arms grew hard. All at once, he lifted the weight, without hurrying, with the sureness of his shoulders; he slowly turned his whole torso with a fluid movement, and then the sack was loaded.

That was enough for him. It meant:

"What I do, I do slowly and well."

Then he went to his horse. With his two hands he squeezed the sack by the middle to make a sort of waist, laid it over the withers of his animal, untied the knot in the reins, and, while the horse was turning, without a stirrup, with a little leap that was always precise, he mounted.

And that was that!

"She didn't take anything with her," the baker said, "No coat or anything."

It was a great disaster. People went into the open bakery. He showed them. They even went into the bedroom, back behind the oven. The armoire had not been disturbed, the chest was tightly closed. She had left her little ring of keys, shining like silver, on the marble top.

"Look…"

He opened the drawers.

"She didn't take any underwear; or her knitted camisoles."

He dug around in his wife's drawer with his bran-covered hands.

He even looked in the dirty laundry. He took out one of her undergarments that smelled like a polecat hide.

"Qu'est-ce que vous voulez," disaient les femmes, "ça se sentait venir."

"A quoi?" dit-il.

Et il les regarda avec ses petits yeux gris aux paupières rouges.

On sut bien vite qu'Aurélie et le berger étaient partis pour les marécages.

Il n'y avait qu'une route pour les collines, et nous gardions les moutons en plein au milieu, l'homme noir et moi.

On monta nous demander:

"Vous n'avez pas vu passer Aurélie?"

"Non."

"Ni de jour ni de nuit?"

"Ni de jour ni de nuit. De jour, nous ne bougeons pas de là. De nuit, nous allons justement nous coucher dans le sentier parce que c'est plus chaud, et, précisément cette nuit, nous avons lu à la lanterne jusqu'au liséré du jour."

Ce devait être cette lumière qui avait fait rebrousser chemin aux amoureux.

Ils avaient dû monter tout de suite vers les collines et attendre que la lumière s'éteignît. On trouva même une sorte de bauge dans les lavandes et d'où on pouvait nous guetter.

Le berger savait bien qu'on ne pouvait passer que là. D'un côté c'était l'apic de Crouilles, de l'autre côté les pentes traîtres vers Pierrevert.

Dans l'après-midi, quatre garçons montèrent à cheval. Un s'en alla sans grand espoir aux Conches pour qu'on regarde dans les greniers. L'autre alla à la gare voir si on n'avait pas délivré de billets. Les deux autres galopèrent l'un au nord, l'autre au sud, le long de la voie jusqu'aux deux gares de côté. On n'avait donné de billet à personne dans les trois gares. Celui qui était parti pour les Conches rentra tard et saoul comme un soleil.

"What did you expect?" the women said, "You could sense it coming."

"How?" he said.

And he looked at them out of his little grey eyes with red lids.

It was soon learned that Aurélie and the shepherd had taken off for the marshes.

There was only one way up to the hills, and we were herding our sheep right in the middle of the path, the dark man and I.

People came up to ask us:

"You didn't see Aurélie go by, did you?"

"No."

"Daytime or nighttime?"

"Daytime or nighttime. During the day, we never leave this spot. At night, we sleep right in the path because it's warmer, and on that particular night, we read by lamplight until just before sunup."

It must have been the lantern that made the lovers turn back.

They must have climbed up toward the hills right away and waited for the light to go out. We even found a sort of nest in the lavender where they could have kept an eye on us.

The shepherd was well aware that one could get through only by that route. On one side there was the Crouilles cliff, on the other the treacherous slopes toward Pierrevert.

In the afternoon, four fellows climbed on their horses. One rode without much hope to Les Conches to get people to look in the attics. Another went to the train station to see if any tickets had been issued. The two others galloped off, one to the north and the other to the south, along the tracks as far as the two stations on either side. No one had bought a ticket at any of the three stations. The man who went to Les Conches came back late and drunk as a lord.

Il avait raconté ça à M. d'Arboise, le maître des Conches, puis aux dames. On avait fouillé les granges en bandes. On avait ri. M. d'Arboise avait raconté des histoires du temps qu'il était capitaine aux dragons. Ça avait fait boire des bouteilles.

D'avoir galopé ainsi après une femme, de s'être frotté contre les dames des Conches tout l'après-midi, le garçon en était plus rouge encore que de vin.

Il tapait sur l'épaule du boulanger.

"Je te la trouvais," dit-il, "je te la ramenais, mais je te la baisais en route."

Le boulanger était là, sous la lampe à pétrole. On ne voyait bien que son visage parce qu'il était plus petit que tout le monde et que le visage des autres était dans l'ombre. Lui, il était là avec ses joues de terre et ses yeux rouges et il regardait au-delà de tout, et il tapotait du plat des doigts le froid du comptoir à pain.

"Oui, oui," disait-il.

"Avec tout ça," dit César en sortant, "vous verrez qu'on va encore perdre le boulanger. C'est beau, oui, l'amour, mais il faut penser qu'on mange. Et alors? Il va falloir encore patrouiller à Sainte-Tulle pour aller chercher du pain. Je ne dis pas, mais si elle avait eu un peu de tête, elle aurait dû penser à ça."

"Bonsoir, merci," disait le boulanger de dessus sa porte.

Le lendemain, César et Massot s'en allèrent dans le marais. Ils y restèrent tout le jour à patauger à la muette et à fouiller comme des rats. Vers le soir seulement, ils montèrent sur la digue et ils appelèrent de tous les côtés:

"Aurélie ! Aurélie!"

Un vol de canards monta vers l'est puis il tourna du côté du soleil couchant et il s'en alla dans la lumière.

Le souci de César, c'était le pain. Un village sans pain, qu'est-ce que c'est? Perdre son temps, fatiguer les bêtes pour aller chercher

He had told the whole tale to Monsieur d'Arboise, the master of Les Conches, and then to the ladies. They had formed teams to look through the attics. They had laughed. Monsieur d'Arboise had told stories about the time when he was a captain in the dragoons. This had made them drink bottle after bottle.

Because he'd galloped after a woman that way and been around the ladies at Les Conches all afternoon, the fellow was even redder than the wine.

He clapped the baker on the shoulder.

"If I found her," he said, "I'd bring her back, but I'd screw her on the way."

The baker was there, under the gas lamp. You couldn't see his face very well because he was smaller than everyone else and the others' faces were in shadow. He was there with his earth-colored cheeks and his red eyes and he was looking blankly into space, tapping his fingers on the cold countertop.

"Yeah... yeah," he said.

"With all that," César said as he went out, "you'll see, we're going to lose our baker again. Love is fine, but you've got to remember that people have to eat. So what are we going to do? We'll have to run over to Sainte-Tulle to get our bread. I don't know, but I think if she'd used her head a little, she ought to have thought of that."

"Good night, thanks," said the baker from the doorway.

The next day César and Massot went into the marshes. They stayed there all day splashing around without saying anything and searching everywhere like rats. Toward evening they finally climbed up on the dike and called in all directions:

"Aurélie! Aurélie!"

A flock of ducks rose up toward the east, then turned toward the setting sun and disappeared into the light.

du pain à l'autre village. Il y avait plus que ça encore. On allait avoir la farine de cette moisson et chez qui porter la farine, chez qui avoir son compte de pain, sa taille de bois où l'on payait les kilos d'un simple cran au couteau? Si le boulanger ne prenait pas le dessus de son chagrin, il faudrait vendre la farine au courtier, et puis, aller chercher son pain, les sous à la main.

"Quand on a le cul un peu turbulent, tu vois ce que ça peut faire; où ça nous mène?"

De trois jours, le boulanger ne démarra pas du four. Les fournées se mûrissaient comme d'habitude. César avait prêté sa femme pour servir. Elle était au comptoir. Et, celle-là, il ne fallait pas lui conter ni berger ni marécages: elle était là, sombre, à mâcher ses grosses moustaches, et, le poids juste, c'était le poids juste. Le quatrième jour, il n'y eut plus l'odeur du pain chaud dans le village.

Massot entrebâilla la porte:

"Alors, ça va la boulange?"

"Ça va," dit le boulanger.

"Il chauffe, ce four?"

"Non."

"A cause?"

"Repos," dit le boulanger. "Il reste encore du pain d'hier."

Puis, il sortit en savates, en pantalon tordu, en tricot flottant. Il alla au cercle. Il s'assit près de la table de zinc, derrière le fusain de la terrasse. Il tapa à la vitre:

"Une absinthe."

Sans cette odeur de pain chaud, et sous le gros du soleil, le village avait l'air tout mort. Le boulanger se mit à boire, puis il roula une cigarette. Il laissa le paquet de tabac là, à côté de lui, sur la table, près de la bouteille de pernod.

Maillefer arrangeait les montres derrière sa fenêtre. Il avait mis sa pancarte: "Maillefer horloger"; il aurait dû mettre aussi

Bread was what César was worrying about. A village without bread—what is it? Wasting your time, wearing out your animals to get bread in another village. And there was still more involved. The flour from this harvest would soon be ready, and who were they going to take it to, who was going give them their bread, and hand them the stick you notched with your knife to pay for it? If the baker didn't get over his depression, they'd have to send their flour to the broker, and then go elsewhere and pay cash for their bread.

"When someone's got the itch, you see what can happen, where that leads us?"

For three days, the baker didn't leave his oven. The loaves came out as usual. César had lent his wife to sell the bread. She was at the counter. And she wasn't going to listen to any talk about shepherds or marshes: she was there, somber, chewing her big mustache, and full weight was full weight. On the fourth day, the smell of warm bread was gone from the village.

Massot opened the door half-way:

"So, how's the baking going?"

"Okay," said the baker.

"Is the oven hot?"

"No."

"Why?"

"Day off," said the baker. "There's still bread left from yesterday."

Then he went out in his slippers, twisted pants, flapping sweater. He went to the cafe. He sat down at the zinc table, behind the spindle tree on the terrace. He tapped on the window:

"An absinthe."

Without the smell of warm bread, and with the midday sun beating down, the village seemed completely dead. The baker took

"pêcheur." La grosse patience (et il en faut pour guetter au long-œil la maladie d'une petite roue) s'était entassée dans lui. On l'appelait "Maillefer-patience." Il attendait une heure, deux, un jour, deux, un mois, deux. Mais, ce qu'il attendait, il l'avait.

"J'attends, je l'ai," il disait.

On l'appelait aussi "Jattenjelai" pour le distinguer de son frère.

"Maillefer lequel?"

"Maillefer-patience."

Ils étaient patients l'un et l'autre.

"Le jattenjelai."

Comme ça on savait.

Il pêchait de nature. Souvent, en traversant les marais, on voyait comme un tronc d'arbre debout. Ça ne bougeait pas. Même si c'était en mars et qu'un coup de grêle se mette à sonner sur les eaux, Maillefer ne bougeait pas. Il arrivait avec de pleins carniers de poissons. Il avait eu une longue lutte une fois contre un brochet. Quand on lui en parlait maintenant il se tapait sur le ventre.

"Il est là," disait-il.

Il avait de grosses lèvres fiévreuses, rouges et gonflées comme des pommes d'amour et une langue toute en sang qui ne perdait jamais son temps à parler. Il ne l'employait que pour manger, mais alors, il la faisait bien travailler, surtout s'il mangeait du poisson, et on la voyait parfois sortir de sa bouche pour lécher la rosée de sauce sur ses moustaches. Il avait des mains lentes, des pieds lents, un regard gluant qui pouvait rester collé contre les vitres, comme une mouche, et une grosse tête, dure, poilue, juste de la couleur du bois de buis.

Un soir, il arriva:

"Je les ai vus," il dit.

"Viens vite," dit César. Et il le tira chez le boulanger.

"Je les ai vus," dit encore Maillefer.

a drink, then rolled a cigarette. He put the package of tobacco there, next to him, on the table, near the bottle of pernod.

Maillefer was arranging the watches in his window. He had put up his sign:

"Maillefer, watchmaker"; he should have added "and fisherman." Enormous patience (and you need it to use a loupe to diagnose what ails a little wheel) had accumulated in him. He was called "Maillefer-patience." He waited an hour, two, a day, two, a month, two. But what he was waiting for, he got.

"I wait, I get it," he said.

He was also called "Iwaitiget" to distinguish him from his brother.

That way you knew.

He was a natural fisherman. Often, crossing the marshes, you saw him standing there like a tree trunk. He didn't budge. Even if it was March and hail started to splatter on the water, Maillefer didn't budge. He came back with creels full of fish. Once he'd had a long battle with a pike. When people talked to him about it now he tapped his stomach.

"He's in there," he said.

He had big, feverish lips, red and swollen like love-apples and a blood-red tongue that didn't waste its time talking. He used it only to eat, but then he really put it to work, especially if he was eating fish, and sometimes you saw it come out of his mouth to lick the dew of sauce off his mustache. He had slow hands, slow feet, a sticky gaze that could remain glued to the windowpanes like a fly, and a big head, hard, hairy, exactly the color of boxwood.

One evening he came back:

"I saw them," he said.

"Come quickly," César said. And he hurried him off to the bakery.

"Où? Qu'est-ce qu'elle fait? Comment elle est? Elle a maigri? Qu'est-ce qu'elle t'a dit?"

"Patience," dit Maillefer.

Il sortit; il entra chez lui, il vida son carnier sur la table. Le boulanger, César, Massot, Benoît et le Taulaire, tout ça l'avait suivi. On en demandait rien, on savait que ce n'était pas la peine.

Il vida son carnier sur la table. Il y avait de l'herbe d'eau et puis quatorze gros poissons. Il les compta, il les vira dessus-dessous; il les regarda. Il chercha dans l'herbe. Il fouilla son carnier. Il tira à la fin un tout petit poisson bleu de fer à mufle jaune et tout rouillé sur le dos.

"Une caprille," dit-il. "Tu me la mettras sur le gril et, ne la vide pas, c'est une grive d'eau."

Il se tourna vers tout le monde.

"Alors?" dit-il.

"Alors, à toi," dit César."

Il raconta qu'étant planté dans le marais, à sa coutume, et juste comme il guettait cette caprille—un poisson rare, et ça fait des pertuis à travers les oseraies pour aller dans des biefs perdus, et ça saute sur l'herbe comme des sauterelles, et ça s'en va sur les chemins comme des hommes pour changer d'eau—bref, juste comme il guettait cette caprille, il avait entendu, comme dans l'air, une pincée de petits bruits follets.

"Des canards? je me dis. Non, pas des canards. Des râles? je me dis. Ça pointait et ça roulait pas comme des râles. Non, pas des râles. Des poissons-chiens…?"

"Elle chantait?" dit le boulanger.

"Patience," dit Maillefer, "tu es bien pressé!"

Oui, il avait entendu une chanson. A la longue, on pouvait dire que c'était une chanson. C'était le grand silence partout dans le marécage. Il ne pouvait y avoir dans les marais rien de vivant à

"I saw them," Maillefer said again.

"Where? What is she doing? How is she? Has she lost weight? What did she say to you?"

"Patience," Maillefer said.

He left; he went home, emptied his creel on the table. The baker, César, Massot, Benoît, and Taulaire had all followed him. They didn't ask any questions; they knew there was no point in it.

He emptied his creel on the table. There was water-grass and then fourteen big fish. He counted them, he turned them over; he looked at them. He poked around in the grass. He searched his creel. Finally he pulled out a very small, steel-blue fish with a yellow nose and all rusty down the back.

"A *caprille,*" he said. "You put it on the grill, and don't clean it, it's a water thrush."

He turned toward everyone.

"So?" he said.

"So, talk," said César.

He told how he was standing there in the marshes, as usual, and just as he was trying to catch this caprille—a rare fish, and it makes channels through the willows to get to the farthest reaches, and it hops on the grass like grasshoppers, and goes down paths like a man to get from one part of the marsh to another—in short, just as he was trying to catch this caprille, he had heard, in the air, a burst of fluttery little sounds.

"Ducks? I asked myself. No, not ducks. Rails? I asked myself. They were sharp, distinct sounds, they didn't roll the way rails' calls do. No, rails. Dogfish?…"

"Was she singing?" asked the baker.

"Patience," said Maillefer. "You're in a big hurry!"

Yes, he had heard a song. Finally, you could tell that it was a

cette heure que les poissons, le vent d'été et les petits frémissements de l'eau. Aurélie chantait. Maillefer pêcha la caprille par un coup spécial du poignet: lancer, tourner, tirer. Il fit deux, trois fois le mouvement sous le pauvre œil du boulanger.

Après ça, Maillefer marcha. L'air frémissait sous la chanson d'Aurélie. Il se mit à guetter ça comme le frisson d'une truite qui sommeille, qui se fait caresser le ventre par les racines du cresson: un pas, deux pas, ça ne clapote pas sous le pas de Maillefer, il a le coup pour tirer la jambe et il sait enfoncer son pied l'orteil premier; l'eau s'écarte sans bruit comme de la graisse. C'est long, mais c'est sûr.

Il trouva d'abord un nid de pluviers. La mère était sur les œufs. Elle ne se leva pas, elle ne bougea pas même une plume. Elle regarda Maillefer en gloussant doucement. Il trouva après un plonge de saurisson. Les poissons-femmes étaient là au plein noir du trou, avec des ventres blancs, gonflés d'œufs et qui éclairaient l'eau comme des croissants de lune.

Il fit le tour du trou sans réveiller un saurisson.

Il entendait maintenant bien chanter et, de temps en temps, le berger qui disait:

"Rélie!"

Et, après ça, il y avait un silence. Maillefer ne bougeait plus, puis, au bout d'un moment, la voix reprenait et Maillefer se remettait à marcher à travers le marais.

"C'est une île," dit-il.

"Une île?" dit César.

"Oui, une île."

"Où?" dit Massot.

"Dans le gras de l'eau, juste en face Vinon."

Le berger avait monté une cabane avec des fascines de roseau. Aurélie était couchée au soleil, toute nue sur l'aire d'herbe.

song. The swamp was very quiet everywhere. At that hour there couldn't be anything moving in the marshes other than fish, the summer breeze and little shivers on the water. Aurélie was singing. Maillefer landed his caprille using a special twist of the wrist: cast, turn, pull. He performed the movement two or three times before the poor baker's eyes.

After that, Maillefer walked. The air was quivering with Aurélie's song. He started listening for it like the quivering of a sleeping trout whose belly is caressed by the roots of the water-cress: one step, two steps, Maillefer doesn't splash when he walks, he knows how to lift his foot and how to set it down again with his big toe first; the water moves aside noiselessly, like grease. It's slow, but it's sure.

First, he found a nest of plovers. The hen was sitting on the eggs. She didn't fly up, didn't move even a feather. She looked at Maillefer, softly clucking. Afterward he found a hole full of herrings. The females were there in the darkness, with white bellies swollen with eggs and lighting up the water like crescent moons.

He went around the hole without waking up a single herring.

Now he heard the singing clearly, and from time to time, the shepherd saying:

"Rélie!"

And after that, there was a silence. Maillefer stopped moving, and then, a moment later, the voice continued, and Maillefer began walking through the marsh again.

"It's an island," he said.

"An island?" César asked.

"Yes, an island."

"Where?" Massot asked.

"In the wide part of the water, across from Vinon."

"Toute nue?" dit le boulanger.

Maillefer se gratta la tête. Il regarda ses poissons morts sur la table. Il y avait une femelle de brochet. Elle devait s'être servie de tout son corps pour mourir. Sur l'arête de son ventre, entre son ventre et le golfe de sa queue, son petit trou s'était ouvert et la lumière de la lampe éclairait la petite profondeur rouge.

"Elle faisait sécher sa lessive," dit Maillefer, pour excuser.

Le boulanger voulait partir tout de suite. C'est César, Massot et les autres qui l'empêchèrent. Rien n'y faisait: ni les plonges, ni la nuit, ni les trous de boue.

"Si tu y vas, tu y restes."

"Tant pis."

"A quoi ça servira?"

"Tant pis, j'y vais."

"C'est un miracle si tu t'en sors."

"Tant pis."

"Tu ne sais pas où c'est."

Enfin, César dit:

"Et puis, ça n'est pas ta place."

Ça, c'était une raison. Le boulanger commença à se faire mou dans leurs mains et on arriva à l'arrangement. On enverrait le curé et l'instituteur, tous les deux. Le curé était vieux mais l'instituteur était jeune, et puis, il avait des bottes en toile cirée. Il n'aurait qu'à porter le curé sur ses épaules jusqu'à une petite plaque de terre dure, un peu au-delà de la digue. De là, la voix s'entendait, surtout la voix du curé.

"Il est habitué à parler, lui."

L'instituteur irait jusqu'à la cabane. Ça n'était pas pour brusquer. Il fallait faire entendre à Aurélie que c'était bien beau…

"C'est bien beau l'amour, dit César, mais il faut qu'on mange."

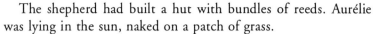

The shepherd had built a hut with bundles of reeds. Aurélie was lying in the sun, naked on a patch of grass.

"Naked?" the baker said.

Maillefer scratched his head. He looked at his dead fish on the table. There was a female pike. In dying, she must have used every part of her body. On the ridge of her belly, between her belly and the gulf of her tail, her little hole had opened and the lamp lit up the little red depth.

"She was drying her clothes," said Maillefer, to excuse himself.

The baker wanted to set out right away. It was César, Massot, and the others who prevented him. None of their reasons convinced him: neither the holes, nor the dark, nor the mud.

"If you go there, you won't come back."

"I don't care."

"What good will it do?"

"I don't care, I'm going."

"It'll be a miracle if you get out of there."

"I don't care."

"You don't know where it is."

Finally César said:

"Besides, it's not your place."

Now that was a reason. The baker became putty in their hands, and they arrived at an arrangement. They would send the village priest and the schoolteacher, both of them. The priest was old but the teacher was young, and besides, he had waterproof canvas boots. He would only have to carry the priest on his back as far as a little hummock of hard earth, a little beyond the dike. From there they could make their voices heard, especially the priest's voice.

"He's used to talking, that one."

The teacher would go all the way to the hut. Not to confront

… que c'était bien beau mais qu'ici il y avait un comptoir, du pain à peser, de la farine à mettre en compte, et puis, un homme…

"Somme toute," ajouta César en regardant le boulanger, "si l'instituteur ne pouvait pas faire seul, il sifflerait et, de là-bas de sa terre ferme, le curé reprendrait l'histoire. En parlant un peu fort, il pourrait faire l'affaire sans se mouiller les pieds."

Le lendemain, le curé et l'instituteur partaient sur le même cheval.

A la nuit, l'instituteur arriva.

Tout le monde prenait le frais devant les portes.

"Entrez chez vous," dit-il, "et fermez tout. D'abord, c'est dix heures et, un peu plus tôt un peu plus tard, vous avez assez pris de frais. Et puis, le curé est en bas près de la croix avec Aurélie. Elle ne veut pas rentrer tant qu'il y a du monde dans la rue. Le curé n'a rien porté pour se couvrir. Il commence à faire froid en bas, d'autant qu'il est mouillé. Moi, je vais me changer. Allez, entrez chez vous et fermez les portes."

Vers les minuit, le boulanger vint frapper chez Mme Massot

"Tu n'aurais pas un peu de tisane des quatre fleurs?"

"Si, je descends."

Elle lui donna des quatre fleurs. Elle ajouta une poignée de tilleul.

"Mets ça aussi," dit-elle, "ça la fera dormir."

Le reste fut préparé à volets fermés dans toutes les maisons.

Catherine vint la première, dès le matin. Elle frottait ses semelles sur la terre parce que ses varices étaient lourdes. Il fallait surtout oublier qu'Aurélie n'en avait pas. De dessus le seuil, Barielle regardait sa femme Catherine; elle tourna la tête vers lui avant d'entrer à la boulangerie. Il avait ses mains derrière le dos mais on voyait quand même qu'il tenait solidement au manche de pioche.

"Bonjour, Aurélie."

them brusquely. They had to make Aurélie understand that it was fine and good...

"Love is all very well," said César, "but we have to eat."

... that it was all very well, but that there was a shop to keep, bread to be weighed, flour to put on account, and also a man...

Finally, César added, looking at the baker, if the teacher couldn't manage it alone, he would whistle, and the priest, back there on the dry hummock, would take over. By speaking loudly he could handle things without getting his feet wet.

The next day, the priest and the teacher set out on the same horse.

That night, the teacher came back.

They were all sitting in front of their houses, enjoying the cool air.

"Go back inside," he said, "and close up. First of all, it's ten o'clock, and you've cooled off enough by now. And then the priest is down there near the cross, with Aurélie. She refuses to come home until there's no one in the street. The priest didn't take a wrap. It's getting cold down there, since he's wet. I'm going to change my clothes. Now, go inside and close your doors."

Toward midnight, the baker knocked on Madame Massot's door.

"You wouldn't happen to have a little herb tea, the four-flowers kind?"

"Yes, I'll come down."

She gave him the four-flowers tea. She added a pinch of linden.

"Put that in, too," she said. "It'll make her sleep."

The rest was gotten ready behind closed shutters in every house.

Catherine came first, early in the morning. She dragged her feet

"Bonjour, Catherine."

"Donne-m'en six kilos."

Aurélie pesa sans parler.

"Je m'assieds," dit Catherine. "Mes varices me font mal. Quelle chance tu as de ne pas en avoir!"

Après ça, Massotte:

"Tu as bien dormi?"

"Oui."

"Ça se voit. Tu as l'œil comme du clairet."

Puis, Alphonsine et Mariette:

"Fais voir comment tu fais pour nouer ton chignon?"

"Seulement, il faut avoir des cheveux comme les tiens."

"Pèse, Alphonsine, si c'est lourd."

"Bien sûr, alors, avec des cheveux comme ça, pas besoin d'épingles."

Vers les dix heures, Aurélie n'était pas encore venue sur le pas de sa porte. Elle restait toujours dans l'ombre de la boutique. Alors, César passa devant la boulangerie. Il croyait être prêt, il n'était pas prêt. Il ne s'arrêta pas. Il fit le tour de l'église, le tour du lavoir et il passa encore une fois. Il s'arrêta.

"Oh! Aurélie!"

"Oh! César!"

"Et qu'est-ce que tu fais là-bas dedans? Viens un peu prendre l'air."

Elle vint au seuil. Ses yeux étaient tout meurtris. Elle avait défait ses cheveux pour les faire soupeser à Alphonsine et Mariette. Les belles lèvres avaient un peu de dégoût, comme si elles avaient trop mangé de confiture.

"Quel beau temps!" dit César.

"Oui."

Ils regardèrent le ciel.

along the ground because her varicose veins were big. She was supposed to forget that Aurélie didn't have varicose veins. From the doorway, Barielle watched his wife Catherine; she turned to look at him before she went into the bakery. He had his hands behind his back but you could still see that he was keeping a firm grip on the pick-handle.

"Hello, Aurélie."

"Hello, Catherine."

"Give me six kilos worth."

Aurélie weighed the bread without saying anything.

"I'm going to sit down," Catherine said. "My varicose veins hurt. How lucky you are not to have any!"

After that, Massot's wife came in.

"Did you sleep well?"

"Yes."

"I can tell. Your eyes are bright as new wine."

Then Alphonsine and Mariette:

"Will you show us how you do your bun?"

"The thing is, you have to have hair like yours."

"Just feel how heavy it is, Alphonsine."

"Well, of course with hair like that you don't need pins."

Around ten oclock, Aurélie still hadn't come to the door of the shop. She was staying inside, in the dark. Then César passed in front of the bakery. He thought he was ready, but he wasn't. He didn't stop. He walked around the church, around the wash-house, and then walked past the shop again. He stopped.

"Oh! Aurélie!"

"Oh! César!"

"What are you doing in there. Come out and take a little air."

She came to the door. Her eyelids were all red. She had undone

"Une petite pointe de vent marin. Tu devrais venir à la maison," dit César, "la femme voudrait te donner un morceau de sanglier."

A midi, le boulanger chargea son four en plein avec des fagots de chêne bien sec. Il n'y avait pas de vent; l'air était plat comme une pierre; la fumée noire retomba sur le village avec toute son odeur de terre, de paix et de victoire.

her hair so Alphonsine and Mariette could see how heavy it was. Her lovely lips looked sated, as if they had eaten too much jam.

"What a nice day!" César said.

"Yes."

They looked at the sky.

"A little wind off the sea. You should come to the house," César said, "my wife would like to give you a piece of boar meat."

At noon, the baker loaded his oven full of good dry oak twigs. There was no wind; the air was as flat as a stone; the black smoke descended on the village with all its smell of earth, peace, and victory.

Also from Hippocrene ...

Bilingual Short Stories:
Treasury of Classic French Love Stories in French and English
Treasury of Classic Polish Love Stories in Polish and English
Treasury of Classic Russian Love Stories in Russian and English
Treasury of Classic Spanish Love Stories in Spanish and English

Monolingual Poems:
Classic English Love Poems
Classic French Love Poems
Hebrew Love Poems
Irish Love Poems: Dánta Grá
Scottish Love Poems

Proverbs and Quotations:
Treasury of Love Proverbs from Many Lands
Treasury of Love Quotations from Many Lands

TREASURY OF FRENCH LOVE POEMS, QUOTATIONS &
PROVERBS Audiobook: Performed in French by Jacqueline
Chambord, a classically trained actress, and in English by Rich
Menello, a Shakespearean actor.
0-7818-0359-4 $12.95 (580)